ÉCONOMISEZ !

Gagnez des centaines d'euros toute l'année en vous montrant plus malin que les autres !

Direction artistique : Caroline Laleta Ballini
A participé à la rédaction : Dominique Anger

Photos et illustrations
IStock by Getty Images, Pixabay
Baramee Thaweesombat, Thailand - 123RF

ISBN : 978-2-38058-031-0
Dépôt Légal : février 2020
Imprimé en Union européenne

CHRISTOPHE MELOUXE
CAROLINE LALETA BALLINI

ÉCONOMISEZ !

Sauvez des centaines d'euros toute l'année en étant plus malin que les autres !

Casa éditions

Avertissement

De nombreux moyens d'économiser se trouvent sur internet. Qu'il s'agisse de sites web et/ou d'applications mobiles. Nous en proposons de manière totalement indépendante un certain nombre, qui nous ont semblé figurer parmi les meilleurs, mais il est impossible de tous les citer. N'hésitez donc pas à faire vos propres recherches sur chaque thème, sachant que de nouvelles start-up inventent tous les jours de nouvelles formules pour réaliser de bonnes affaires. Par ailleurs, certains sites ou certaines applications ne rencontrent pas le succès escompté et disparaissent parfois, ne nous en veuillez pas si quelques tuyaux ne fonctionnent plus quelque temps après la sortie de ce livre.

La valeur travail

La plupart d'entre nous connaissent les fins de mois difficiles, les frustrations et les découverts. La vocation de ce livre est de vous aider à tirer le meilleur parti de votre budget, en commençant par mieux le gérer et, à chaque fois que possible, économiser !

Il existe de nombreuses astuces pour y arriver et nous vous en livrerons un florilège au fil de ces pages. Elles demandent à la fois un effort de votre part et une forme de prise de conscience sur votre manière de consommer.

Avant d'acheter un bien, demandez-vous par exemple combien d'heures vous devez travailler pour vous l'offrir. Pour rendre l'exercice encore plus probant, calculez combien il vous reste net en poche après impôts et autres déductions. Par exemple, s'il vous reste 2000 € par paie pour avoir travaillé 150 heures, chaque heure de travail vous permet de dépenser 13 €. Supposons que vous désiriez assister avec votre moitié à un spectacle qui coûte 52 €. Vous devrez travailler 8 heures pour payer les 2 tickets !

Par ailleurs, vous devez consacrer une bonne partie de vos revenus à vous loger, vous nourrir, vous vêtir et couvrir besoins de base et charges fixes. Les sommes disponibles pour le superflu sont donc limitées. Comptez la somme exacte qu'il vous reste pour vos loisirs. Vous pourrez décider de manière plus éclairée, selon vos goûts et vos moyens, parmi toutes les options qui s'offrent à vous.

Sommaire

Mieux gérer son argent

Compter

Les fins de mois difficiles se révèlent pratiquement toujours la conséquence d'une attitude à bannir désormais : dépenser sans compter.
Le secret d'un budget en équilibre réside en effet dans le simple fait de faire ses comptes, c'est-à-dire de garder le contrôle sur ses dépenses.

Budget familial

Kakebo

➧ Utilisez un Kakebo pour vous aider à faire triompher le cochon de l'épargne face au loup des dépenses. Cette version japonaise du livre des comptes de la maison permet de rester pleinement conscient de son budget et de ses dépenses quotidiennes, dans le but de réaliser des ÉCONOMIES.

On commence par inscrire ses prévisions de revenus (salaires, paiements, ventes…) auxquels on retranche les charges fixes (emprunts, loyer, abonnements…) et l'objectif d'économies (par exemple 10 à 15 % du revenu net). Le résultat constitue votre budget de dépenses.

Budget mensuel du ménage

Celles-ci doivent se classer en fonction de leur nécessité. On les range en 4 catégories : les dépenses de première nécessité (alimentation, santé, hygiène, transport…) culture et temps libre, dépenses optionnelles (restaurant, bars, shopping, tabac…), extra et imprévus (réparations, pertes, casse, voyages…).

À la fin du mois, faites le point : combien dépensez-vous vraiment ? Avec combien d'argent avez-vous terminé le mois ? Combien pourriez-vous économiser ? Comment améliorer ces résultats ?

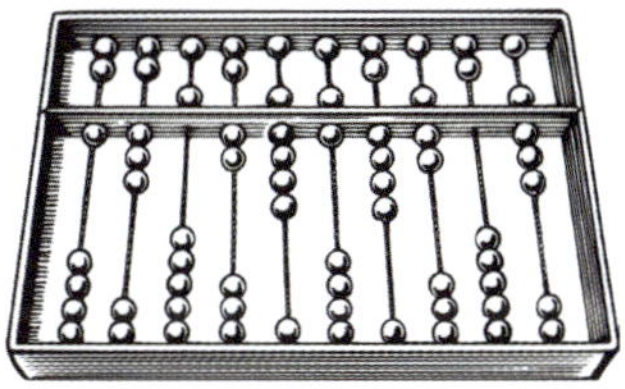

Tracer

➧ Gardez une trace de TOUTES vos dépenses, le meilleur moyen de réaliser ce que vous dépensez au jour le jour.

Planifier

➧ Le meilleur moyen de faire des économies consiste à planifier encore et encore. Achetez en avance un cadeau, anticipez un repas de famille à la maison plutôt que d'aller au restaurant…

Offrir

➧ Établissez votre budget de cadeaux, anniversaires ou de fêtes de fin d'année en avance afin de ne pas vous laisser embarquer au-delà de vos possibilités et de créer des dettes inutiles.

Retirer malin

➧ Lorsque vous retirez de l'argent à un distributeur, privilégiez ceux de votre banque pour économiser des frais.

Cash

➧ Payez en espèces plutôt qu'en carte, on se rend compte davantage des dépenses et de la valeur des choses.

Instant

➧ Préférez les cartes à débit immédiat, qui évitent les mauvaises surprises à la fin du mois.

Mettre de côté Epargner

Le but de ce chapitre n'est pas de détailler les différentes solutions de placements pour l'avenir tels qu'assurance-vie, épargne retraite ou plan épargne-logement, encore moins des investissements en bourse ou dans l'immobilier, mais de vous livrer quelques trucs simples pour mettre un peu d'argent de côté pour les imprévus ou les extras.

Livret

➧ Ouvrez un livret bancaire (idéalement Livret A en ligne) pour économiser régulièrement et versez dessus quelques euros chaque mois, par exemple 15 €. Prévoyez de plus gros versements une ou deux fois par an.

Pour épargner plus facilement, mettez en place un virement automatique mensuel de votre compte courant vers ce compte d'épargne. En cas de besoin, il est simple et rapide de récupérer le montant de ces économies par un simple virement.

Au jour le jour

➧ Choisissez une journée hebdomadaire d'épargne et versez 1 euro dans votre tirelire, par exemple tous les lundis.

Petit billet

➧ Dès que vous avez un billet de 5 euros dans votre porte-monnaie, mettez-le de côté.

Pièces jaunes

➧ Choisissez une coupe, un joli vase ou un bon vieux cochon rose et déposez-y régulièrement toutes les pièces jaunes qui encombrent vos poches ou votre porte-monnaie.

Prime

➧ Effectuez un virement ponctuel d'au moins 20 euros sur votre Livret d'épargne au mois de décembre ou lorsque vous touchez votre 13e mois ou une prime.

Limiter l'endettement

Parfois inévitables, par exemple pour l'acquisition d'un bien immobilier ou d'un véhicule, les crédits, emprunts et découverts constituent souvent autant de pièges qui pèsent sur les budgets et peuvent mener au surendettement ceux qui en abusent. Il faut donc limiter au maximum le recours à l'emprunt, mais si l'on en a vraiment besoin, quelques règles d'or s'appliquent.

Fuyez les crédits trop faciles.

➽ Plus un crédit est facile à obtenir, plus il comporte de risques de se révéler coûteux !

Plus un crédit est long, plus il est cher

➽ Les taux d'intérêt liés aux crédits immobiliers sont très bas, mais comme on emprunte pour 15, 20, voire 30 ans, on aura finalement payé 1,5 fois ou 2 fois son logement.

Comparer

➽ Quand on s'apprête à acheter de l'électroménager, on trouve normal de comparer les prix entre magasins. Pourquoi ne pas faire la même chose quand on envisage un crédit ? Allez voir plusieurs prestataires de crédits. Les différences de taux peuvent se révéler très importantes de l'un à l'autre.

Négocier

➽ Après avoir fait le tour des offres, n'hésitez pas, comme pour n'importe quel bien, à demander à votre banquier de faire un effort.

Anticiper

➽ Ne prenez jamais de crédit dont la durée de remboursement dépasserait l'espérance de vie anticipée du bien acquis. Acheter une maison sur 20 ans a du sens sur le plan économique, car, 20 ans plus tard, la maison sera toujours là. En revanche, prendre un crédit de 5 ans pour acheter un véhicule déjà fatigué n'a aucun sens. Vous risquez de continuer à le rembourser alors qu'il sera depuis longtemps à la casse...

Revolving ou revolver ?

➽ Méfiez-vous comme de la peste des crédits renouvelables (crédit revolving), matérialisés en particulier par les cartes de crédit que proposent les grandes surfaces et les grands magasins. Elles offrent une réserve d'argent disponible à tout moment pour consommer plus...

Prendre son temps

➽ Surtout ne pas se précipiter et bien réfléchir, seul, en couple, ou même avec l'aide d'une tierce personne. Cet achat est-il vraiment indispensable ?

Est-ce le bon moment ? Ne peut-on pas trouver le même produit, ou son équivalent, moins cher (d'une autre marque ou d'occasion, ou réparer celui qu'on a déjà) ? N'existe-t-il pas d'autres solutions que le crédit ? Par exemple reporter l'achat pour se donner le temps de mettre l'argent nécessaire de côté…

Choisir

➼ Si le crédit s'avère la seule solution possible, il est important de déterminer à la fois le crédit et le prêteur les plus adaptés à son achat. Privilégiez les banques plutôt que les intermédiaires de crédit et évitez surtout les offres trop rapides et faciles, elles se payent avec des taux d'intérêt imposés souvent très élevés.

S'enquérir

➼ Ne jamais hésiter à poser de multiples questions au prêteur potentiel. Assurez-vous que vous avez bien compris les tenants et aboutissants : le coût, la durée, le taux d'intérêt, surtout s'il est variable. Demandez bien quel est le TAEG (taux annuel effectif global) du prêt, qui prend en compte tous les frais, et renseignez-vous bien sur les conséquences en cas de non-paiement d'une mensualité.

Adapter

➼ Il est essentiel de s'engager sur un montant de mensualité en adéquation avec son budget ! Évaluer honnêtement si vous pourrez vraiment assumer un tel crédit, en fonction du budget que vous avez fixé plus haut à l'aide de votre kakebo.

RENÉGOCIEZ !

➼ Vous voulez faire toujours plus d'économies ? Vous êtes (un peu trop) endetté ? Pensez à renégocier vos crédits, les taux d'intérêt peuvent très bien avoir baissé et la concurrence pousse les prêteurs à proposer des conditions toujours meilleures pour attirer chez eux de nouveaux clients. Pour renégocier ses crédits et réaliser des économies, il existe 2 techniques.

➼ La première consiste à contacter la ou les sociétés chez qui vous avez contracté ces crédits (banque, organisme de crédit, etc.) et de leur demander d'en renégocier le taux et/ou la durée. Par exemple, un crédit immobilier de 100 000 € sur 20 ans avec un taux de 1,9 %, que vous remboursez 500 € par mois, peut passer, si vous négociez à 1,4 %, à 477 € par mois, soit une économie de presque 300 € par an !

➼ La deuxième consiste à aller voir les courtiers ou les organismes de rachat de crédit. Ces sociétés peuvent reprendre vos dettes et vous proposer des mensualités moins importantes, en jouant sur le taux, la durée, ou même le montant de l'assurance.

➼ *www.meilleurtaux.com*
➼ *www.cafpi.fr*
➼ *www.Empruntis.com*

Changer de banque

Lourdes structures, les banques traditionnelles doivent faire face à d'importants frais, en particulier pour maintenir un réseau d'agences conséquent.
Avec la généralisation d'internet et la numérisation du monde sont apparues de nouvelles sortes de banques, capables de vous offrir des prestations plus économiques : les banques en ligne et les néobanques.

Adopter les banques en ligne

➜ Les banques en ligne, qui appartiennent toutes à de grands noms de la finance, présentent de nombreux avantages par rapport aux banques traditionnelles, en particulier en matière de coûts pour l'usager : frais réduits ou inexistants, somme offerte à l'ouverture du compte, carte bancaire gratuite, etc. L'absence de majorations pour les opérations courantes effectuées en ligne, ainsi que l'absence d'agence physique et la réduction des contraintes administratives leur permettent en effet d'alléger considérablement leurs dépenses au profit des clients.

➜ Premiers avantages d'une banque en ligne : les frais bancaires sont inférieurs à ceux des banques traditionnelles. La majorité des opérations courantes sont en effet gratuites.
De manière générale, le principal poste de dépenses dans une banque réside dans la cotisation à la carte bancaire, mais là encore, les banques en lignes proposent des cartes gratuites. Globalement, avec une banque à distance un client réalise une économie de 50 % par rapport aux frais d'une banque traditionnelle !

➜ Hello Bank! (BNP Paribas), élue meilleure banque 2019 devant Fortunéo (Crédit Mutuel Arkéa) et Monabank (Cofodis), offre par exemple 80 € à l'ouverture du compte (120 € chez Monabanq), prend 0 € de frais de tenue de compte (ouverture, tenue et clôture de compte, relevés de compte mensuel, service d'aide à la mobilité bancaire), la gratuité des moyens de paiement (carte bancaire, chéquier, opposition aux moyens de paiement, opérations courantes : paiements et retraits en euros, virements France & SEPA, prélèvement France & SEPA) et des retraits gratuits dans plus de 50 pays…

➜ *www.hellobank.fr*
➜ *www.fortuneo.fr*
➜ *www.monabank.com*

Le recours à une banque en ligne peut également représenter un gain de temps considérable et le temps… c'est de l'argent ! En effet, plus la peine de se déplacer en agence et de faire la queue, les conseillers financiers sont joignables par téléphone, email, tchat ou par webcam, avec des plages horaires très étendues.
Contacter sa banque à 22 h devient normal et souscrire à un produit auprès d'une banque en ligne s'effectue en quelques clics.

Par ailleurs, les banques en ligne ne se limitent pas à la proposition d'un compte courant et de ses moyens de paiement.
Des produits d'épargne sont également disponibles, comme les livrets, les assurances vie et les ordres de bourse.

Les livrets d'épargne sont renommés « super livrets », grâce à leur absence totale de frais de gestion à l'ouverture et la clôture, ou pour chaque opération de versements et de retraits, pour leur garantie sans risque, mais aussi et surtout pour leurs taux de rémunération très attractifs, jusqu'à 3 fois supérieurs à ceux des livrets des banques classiques ! Les banques en ligne proposent en général sur ces produits une offre de bienvenue comme un taux bonifié ou une prime.

Enfin, les banques en ligne proposent des services innovants, comme la commande de devises, l'enregistrement des chèques en ligne sans date de valeur ou des outils de gestion plus graphique pour la gestion de votre budget…

Découvrir les néobanques

➽ Depuis quelques années émerge une nouvelle catégorie d'acteurs bancaires entièrement en ligne, centrés sur la banque mobile via des applications et proposant des offres simples et bon marché, voire même gratuites, accessible à tout moment vie smartphone : les néobanques comme N26, Revolut, Morning ou Anytime.

➽ Ces néobanques promettent une ouverture simplifiée (souvent quelques minutes, et totalement en ligne) et une adaptabilité totale des outils. Elles peuvent se révéler moins chères que les banques en ligne sur certaines opérations, en particulier les opérations internationales (paiements par carte bancaire hors zone euro, virements internationaux ou transferts d'argent...), ce qui les rend attractives aux voyageurs, aux entrepreneurs internationaux et aux expatriés...

➽ La plupart des néobanques sont des établissements de paiement, pas des établissements bancaires, elles ne proposent donc ni chèque, ni découvert, un avantage pour les dépensiers qui veulent s'autolimiter ! L'offre de services des néobanques se limite également aux comptes courants. Impossible d'y ouvrir un livret A, une assurance vie ou de souscrire un crédit.

➽ Parmi les néobanques disponibles, N26 fait beaucoup parler d'elle en ce moment, car elle a franchi la barre des 500 000 clients en France et celle du million et demi en Europe.

➽ Elle est accessible sans condition de revenus, y compris pour les expatriés, l'ouverture d'un compte y est simple et rapide avec seulement 2 pièces justificatives à fournir et il n'y a pas de montant minimum à verser...

➳ *www.n26.com*
➳ *www.revolut.com*
➳ *www.morning.com/fr*
➳ *www.anyti.me/fr*

10 EURO CENT
20 EURO CENT
10 EURO CENT
2 EURO
1 EURO
50 EURO CENT
20 EURO CENT
10 EURO CENT
2 EURO
1 EURO
50 EURO CENT
50 EURO CENT
20 EURO CENT
10 EURO CENT
2 EURO
1 EURO
50 EURO CENT
20 EURO CENT

Baisser les coûts

SPOT

Réduisez vos coûts fixes !

Assurances, téléphonie, box multimédia, énergies, sports et loisirs, voire désormais café ou habillement, les forfaits et abonnements pèsent de manière récurrente sur votre budget. De nombreuses possibilités s'offrent néanmoins à vous pour réduire leur emprise sur votre pouvoir d'achat !

Abonnements et forfaits

Avec plus de 5 par personne, les Français sont les champions d'Europe des abonnements : 4 consommateurs sur 10 ont souscrit à 6 abonnements, et 7 % en gèrent plus de 11 ! Mobile, box internet, électricité/gaz, etc., le mot d'ordre est de renégocier tous ses abonnements, en partant d'un principe simple : dans ces domaines, la fidélité ne paye pas, pour économiser, il faut changer !

La consommation par abonnement semble destinée à continuer sa forte progression, car l'économie de la possession se transforme progressivement en une économie d'usage : par exemple, plutôt qu'acheter des CDs, on s'abonne à une plateforme en ligne comme Deezer ou Spotify. De la même manière, l'achat ou la location de DVD cède la place à des formules d'abonnements comme Netflix.

De plus en plus de secteurs proposent d'ailleurs des services d'abonnement, comme l'achat ou la livraison de repas, la location de biens d'équipement, mais aussi le renouvellement de lentilles de contact, de capsules de café ou même de packs d'eau, l'éducation avec des cours en ligne, ou encore l'habillement, avec des formules comme les chaussures de l'atelier Bocage à 29 €/mois ou les vêtements + accessoires de lecloset.fr.

Commencez par faire un bilan de tous vos engagements, en n'oubliant pas les forfaits cinéma, les abonnements aux salles de sport ou les formules de stockage en ligne. Tout cela est-il utile, n'y a-t-il pas de redondances ? Par exemple, avez-vous vraiment besoin d'espace de stockage à la fois sur Google et sur Dropbox ? Est-il vraiment nécessaire de bénéficier de plusieurs bouquets de chaînes câblées ? Profitez-vous vraiment de votre abonnement à la salle de sport ? Résiliez impitoyablement tout ce qui ne vous est pas réellement utile et dans chaque domaine, regardez si une formule plus modeste ne se révélerait pas plus judicieuse.

Ensuite, pensez au partage. Par exemple, le tarif Netflix pour la visualisation simultanée de 4 programmes sur autant d'écrans différents ne coûte que deux fois le prix pour un écran unique. Le partage du coût avec 3 autres personnes vous fera donc économiser la moitié du prix !

Enfin, comparez les offres des fournisseurs, en particulier dans les secteurs de base concurrentiels comme l'énergie, électricité ou gaz, et la téléphonie ou l'internet, et n'hésitez surtout pas à changer d'opérateur. De nombreux sites peuvent vous y aider, certains prenant même en charge pour vous les démarches à effectuer. En voici quelques exemples :

- *www.selectra.info*
- *www.jechange.fr*
- *www.resilier.com*
- *https://ideel.io*

Électricité, ne vous faites plus allumer !

➡ 80 % des usagers de l'électricité sont toujours clients d'EDF, au tarif réglementé. Pourtant, depuis que le marché de l'énergie s'est ouvert à la concurrence, de nouveaux prestataires ne cessent d'arriver sur le marché avec des offres d'électricité, le plus souvent renouvelable. Désormais, plus de 30 fournisseurs proposent le kW/h à un tarif libre. Alors, dans un contexte où le prix du kWh électrique est appelé à augmenter, se révèle-t-il si judicieux de tourner le dos au tarif réglementé d'EDF et comment trouver le meilleur prix ?

➡ Pour vous aider à faire le bon choix, de nombreux comparateurs vous permettent d'estimer le montant annuel que vous paieriez avec chacune des offres en fonction de votre consommation et d'anticiper l'économie ou le surcoût que représente chaque proposition commerciale par rapport au montant facturé en tarif réglementé. Mais la durée du contrat, le tarif fixe ou indexé, constituent autant d'éléments essentiels.

➡ Pour obtenir de meilleures conditions lors d'un changement de fournisseur d'électricité, une solution consiste là aussi à se réunir avec des amis ou des voisins, de manière à obtenir des tarifs de groupe plus intéressants.

Comparez les assurances

➜ Habitation, auto, mutuelle, assurance emprunteur, nous avons tous un ensemble de polices d'assurance qui ne demandent qu'à être renégociées, quitte à changer de prestataires. Avec l'arrivée régulière de nouveaux acteurs sur le marché et la possibilité de résilier son assurance à tout moment grâce à la loi Hamon, vous pouvez en permanence souscrire à un contrat d'assurance au meilleur rapport qualité/prix, en vous tournant vers les assurances en ligne (comme pour les banques, sans agences physiques, leurs frais de fonctionnement sont réduits), en profitant des offres promotionnelles régulièrement offertes par les assureurs (par exemple système de parrainage pour profiter d'un mois de souscription gratuit) et surtout en comparant les offres (garanties et tarifs) à l'aide d'un ou plusieurs comparateurs d'assurances en ligne.

➜ Examinez en particulier vos contrats d'assurance habitation et véhicules. Comparez les montants avec ceux proposés par la concurrence et parlez-en à votre assureur pour tenter d'obtenir une réduction.

➜ Vérifiez le kilométrage retenu dans votre contrat d'assurance automobile et réajustez-le à la baisse si, comme c'est souvent le cas, vous roulez moins qu'anticipé dans votre police.

Hello
March

Coûts variables, chassez le gaspi !

Un mot d'ordre : faire attention !
Soyez vigilant sur votre consommation d'eau, de chauffage, d'électricité, de carburant. Goutte à goutte, watt après watt, ces consommations vous coûtent et le gaspillage est tout sauf sage. Poste par poste, voici un ensemble de bonnes idées pour éviter de dilapider.

Economisez votre énergie

Simples appareils

➽ Privilégiez les appareils électriques portant au moins le label énergétique A, afin de limiter votre consommation.

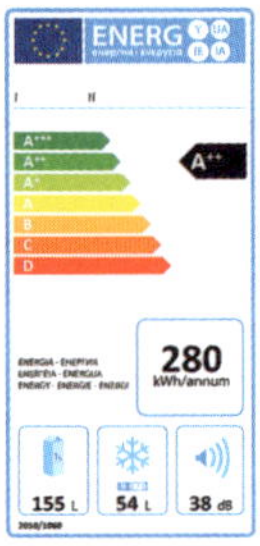

Induction

➽ Optez pour des plaques de cuisson à induction. Elles sont plus chères à l'achat, mais se révèlent plus économes à l'utilisation.

Bon placement

➽ Lorsque vous achetez un congélateur, pensez à son emplacement et privilégiez les lieux frais et dans tous les cas non chauffés, afin de limiter sa consommation en énergie.

Coupez

➽ Lorsque vous partez pour une période de plus de 7 jours, faites des économies en coupant votre chauffe-eau.

Remplir

➽ Plus un frigo est plein, moins il renferme d'air et consomme alors moins d'énergie. Donc, pensez à des bouteilles d'eau pleines disposées dans le réfrigérateur s'il est vide ou peu rempli. Le but est d'occuper le plus de place possible.

Ne veillez pas trop

➽ Le mode « veille » consomme ! Débrancher les appareils électriques non utilisés (télé, routeur, ordinateur, chargeur) peut vous faire économiser jusqu'à 10 % de votre facture d'électricité.

Chargez !

➽ Afin de faire de petites économies dans l'utilisation de vos appareils à piles, optez pour des piles rechargeables pour les jouets télécommandés ou les consoles de jeux par exemple, car ces objets sont de forts consommateurs d'énergie. En revanche les piles jetables, moins chères, seront parfaites pour les radios, ou les pendules.

Visez juste

➔ Si vous utilisez un appareil photo avec écran, désactivez-le et utilisez le viseur. L'écran est très consommateur d'énergie. Un bon moyen d'économiser sa batterie. Pour économiser l'énergie de la batterie de votre appareil photo, programmez la mise en veille sur la durée la plus courte possible.

Soyez smart

➔ Économisez la batterie de votre smartphone en limitant au maximum l'utilisation des fonctions GPS, très consommatrices d'énergie, et en ne le laissant jamais au soleil.

Conseil éclairé

➔ Éteindre les lumières des pièces où l'on n'est pas !

Apprenez à vos enfants à le faire en leur promettant un petit cadeau. Plus ces réflexes sont acquis tôt plus les économies seront importantes.

Énergie propre

➔ Faire votre lessive la nuit, pendant les tarifs heures creuses, permet d'économiser jusqu'à 30 % sur votre facture.

Lavez direct

➔ Évitez les fonctions de prélavage sur votre lave-linge, elles sont inutiles et source de consommation excessive.

Régime sec

➔ Évitez le plus possible d'utiliser un sèche-linge, très vorace en énergie.

Détartrez

➔ Entretenez votre lave-linge, car une machine à laver entartrée consomme plus d'énergie. Ajoutez pour cela une petite dose de vinaigre blanc dans le bac à adoucissant à chaque lavage.

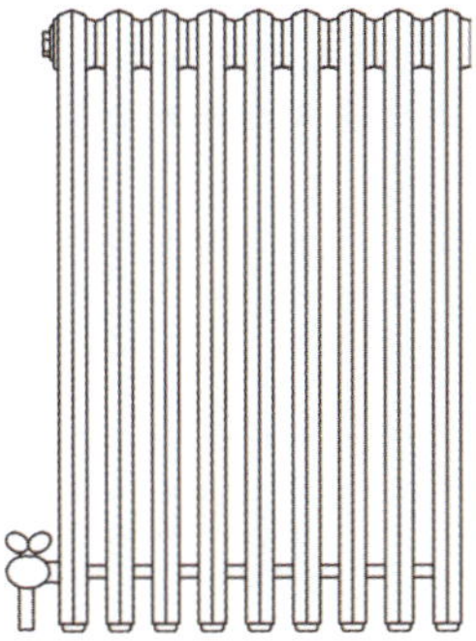

Chaleur en or

➔ Optimisez le fonctionnement de vos radiateurs en les dégageant et en évitant de déposer des meubles à proximité. La consommation d'énergie sera optimisée.

Purgez

➔ Faites purger vos radiateurs régulièrement. Les dépôts de tartre provoquent une surconsommation d'énergie.

Instantané

➔ Si vous devez remplacer votre chauffe-eau, optez pour un appareil électrique instantané qui peut consommer beaucoup moins d'électricité qu'un chauffe-eau avec cumulus. Ce sera autant d'économies sur la facture d'électricité !

Ouvert ou fermé?

➽ Si vous utilisez une grande cheminée ou un poêle, ouvrez les portes des pièces pour favoriser la circulation de l'énergie et limiter la consommation de chauffage d'appoint.
À l'inverse si vous vous chauffez avec des radiateurs, fermez impérativement les pièces non chauffées.
A défaut, la facture de chauffage risque de grimper.

Ébullition

➽ Si vous avez besoin de faire bouillir de l'eau, remplissez votre bouilloire électrique avec juste la quantité nécessaire d'eau. Autant d'électricité économisée.

Garder au chaud

➽ Pour conserver des boissons chaudes durant de longues heures, investissez dans un thermos plutôt que d'utiliser votre four à micro-ondes pour les réchauffer.

Un petit degré

➽ Diminuez le chauffage d'un degré dans toutes les pièces de votre logement et notamment dans les chambres. Autant d'économies significatives à la clé.

Rideaux

➽ Si vous êtes absents de votre habitation durant la journée, pensez à fermer volets et rideaux pendant l'hiver pour réduire la facture de consommation d'énergie.

Le juste froid

➽ Vérifiez la température de votre congélateur pour faire des économies.
La température idéale est de moins 18 degrés. Il n'est pas nécessaire de pousser le refroidissement à moins 20° ou moins 22°, ce qui fait augmenter la consommation d'énergie.

Chauffage au poil

➽ Le chauffage au bois peut se révéler très économique, mais uniquement si vous utilisez un poêle avec du bois sec de plus de 2 ans (taux d'humidité< 20 %) ou des granulés. Évitez de chauffer avec une cheminée ouverte au rendement beaucoup plus faible.

Mesurez

➽ Enfin, installez des thermomètres dans les pièces de la maison pour vous rassurer sur la réalité de la température. Cela vous évitera d'augmenter le chauffage sans raison, et vous fera faire des économies.

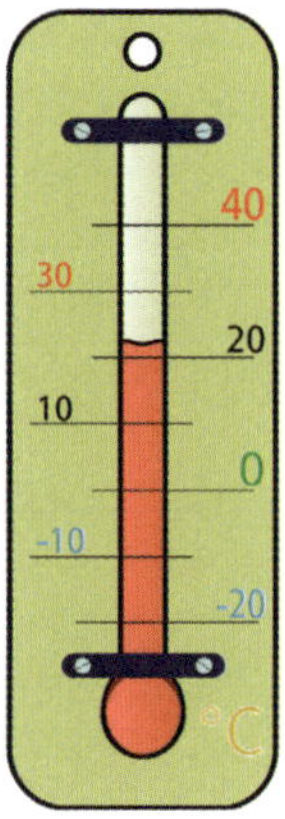

Carburant

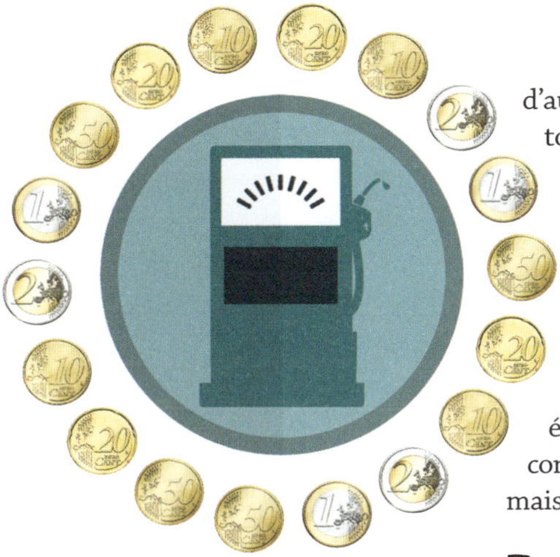

Le plein d'idées

➡ Faites le plein d'essence lorsque le réservoir est encore à moitié rempli. Plus il est vide, plus l'essence s'évapore.

➡ Profitez-en pour contrôler régulièrement la pression des pneus de votre voiture. Un sous-gonflage augmente la consommation de carburant jusqu'à 2,4 %.

➡ Comparez les prix des stations services les plus proches. Privilégiez les stations sans marque ou celles des grandes surfaces, souvent moins chères.

➡ De la même manière, évitez de faire le plein de carburant sur l'autoroute des vacances, car le prix du carburant y est en moyenne bien plus élevé qu'ailleurs. Faites le plein avant de partir, puis profitez des sorties d'autoroute pour faire du tourisme local.

Itinéraire vert

➡ Si vous le pouvez, évitez même carrément les autoroutes et appréciez les routes nationales. Vous économiserez sur la consommation de carburant, mais aussi sur les péages.

De l'air

➡ Couper la climatisation dans votre voiture permet d'économiser jusqu'à -15 % de carburant, alors pensez à ouvrir les fenêtres !

Pédale douce

➡ Adoptez une conduite douce. Évitez les accélérations et les freinages secs. Vous économiserez du carburant et augmenterez la durée de vie de votre moteur.

➡ Sur l'autoroute, diminuez votre vitesse à 120 km/h. Vous serez à peine retardé et aurez économisé environ un litre de carburant au 100 kilomètres.

Eau

Règles de base

- Ne laissez pas couler l'eau lorsque vous faites la vaisselle, prenez une douche ou vous lavez les dents…
- Privilégiez les douches courtes (60 à 80 litres d'eau) par rapport aux bains (150 à 200 litres d'eau)…
- Lavez-vous les mains à l'eau froide avec un bon savon. C'est aussi efficace que l'eau chaude et moins onéreux.

Chassez les fuites

- Comparez votre compteur d'eau un soir au moment de vous coucher et le matin suivant avant de prendre votre douche. Si vous constatez une différence, c'est qu'il y a une fuite à repérer et à réparer.
- Vérifiez régulièrement les joints des robinets.

Une simple mini fuite peut représenter une dépense inutile de 100 litres par jour !

- En cas de fuite d'eau sur un pommeau de douche, dévissez-le, utilisez l'extrémité d'un ballon de caoutchouc et enfilez-le sur le filetage. Revissez et testez. Autant d'eau économisée et pas de dépense de joint.

Arrosage

- Arrosez vos plantes le soir lorsque la température diminue et que l'évaporation se fait moins forte. Autant d'eau économisée et des plantes bien arrosées.
- Pour faire des économies d'eau en arrosage, équipez les descentes d'eau pluviale de collecteurs ou mieux d'une fosse enterrée récupérant toutes les eaux des toits. Une pompe immergée vous permettra d'arroser économiquement.
- Économisez en lavant fruits et légumes dans une bassine remplie d'eau plutôt que de les passer sous l'eau. Vous utiliserez ensuite cette eau pour arroser fleurs et plantes.

Aérer l'eau

- Disposez des écomousseurs sur vos robinets et changez les pommeaux de douche pour des dispositifs spéciaux qui permettent de profiter de sa douche en réduisant la consommation d'eau.

Vaisselle

- Les lave-vaisselle consomment de moins en moins d'eau. Pour profiter au maximum de cette source d'économie, remplissez-les au maximum avant de les lancer.

Cuisine

Anticipez

- Déterminez vos menus à l'avance de façon à grouper les achats d'aliments et faire des économies.
- Rédigez une liste de déjeuners de la semaine à venir et cuisinez-les à l'avance.

- Cuisinez toujours de grosses quantités afin de pouvoir en congeler une partie en petites portions pour de futurs repas.

- Préparez une soupe de légumes et de légumineuses, riche en protéines et très économique. Congelez-en une partie pour gagner du temps.
- Si vous avez tendance à avoir des petits creux durant la journée au bureau, pensez à préparer des barres de céréales maison ou des petits gâteaux plutôt que de vous ruiner dans les distributeurs.
- Préparez vos sandwiches vous-mêmes avec vos ingrédients préférés.

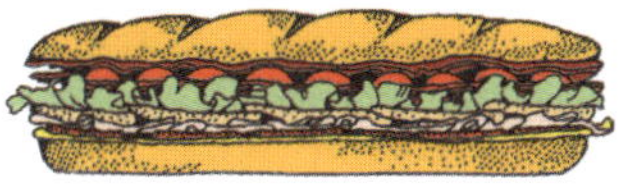

- Faites l'inventaire de votre placard à épicerie afin de limiter le gaspillage. Optez pour des préparations culinaires avec les produits restants avant de les remplacer.

Restes au rang

- Pensez aux restes de vos plats et ne les jetez pas. Des légumes cuits peuvent être recyclés en gratin, un rôti en hachis parmentier, des fruits un peu mûrs en compote.

- Préparez des burritos ou des wraps avec les restes. Très économique.
- Faites des économies en réduisant le pain sec en chapelure, idéal pour préparer des croquettes.
- Installez des pots de fines herbes dans votre cuisine : ciboulette, persil, coriandre ou menthe, beaucoup moins chers à l'utilisation que l'achat de barquettes.

Bonne réception

➽ Au lieu de repas au restaurant, proposez à vos amis de recevoir simplement chacun son tour à la maison, autour d'un plat unique, pâtes, riz ou salade. Autant de plaisir et de convivialité et un budget mini.

Cuisez malin

➽ Utilisez des autocuiseurs pour préparer des plats sains et économiques : bœuf carottes, veau aux légumes...

➽ Évitez de préchauffer votre four pour la cuisson en cocotte. Ça vous fera économiser de l'énergie en limitant le temps de cuisson.

➽ Laissez refroidir les restes d'un plat cuisiné une demi-heure environ avant de le placer au réfrigérateur afin d'éviter la hausse de la consommation d'énergie.

➽ Lorsque vous faites bouillir de l'eau, couvrez les casseroles pour obtenir l'ébullition plus rapidement et ainsi économiser du gaz ou de l'électricité.

Substituez

➽ Remplacez la viande par des protéines végétales au moins deux fois par semaine. Les économies sont immédiates.

➽ N'oubliez pas les œufs comme source de protéines. Ils sont très économiques et peuvent être servis plusieurs fois par semaine sous différentes formes.

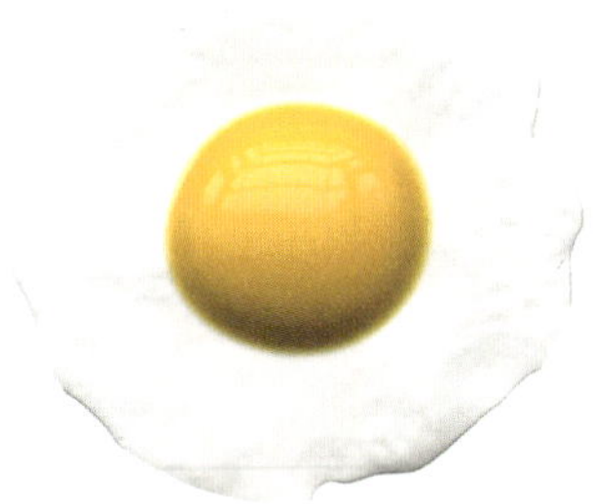

Fêtes

➽ Pour les repas de fêtes, privilégiez les entrées faites maison et économiques à réaliser : feuilletés, mini quiches... et n'hésitez pas à limiter les quantités de nourriture pour éviter de gaspiller et donc faire des économies. Ce n'est pas parce que l'on est en période festive que l'on doit trop manger.

➽ Adaptez les recettes en utilisant des ingrédients moins onéreux, truite plutôt que saumon, dinde plutôt que poularde, agrumes plutôt que fruits exotiques.

➽ Préparer votre déjeuner du 1er janvier avec les restes du repas de la Saint-Sylvestre : parmentier de dinde, boulettes de saumon ou de bœuf, sauce de restes de foie gras, etc.

Divers maison

Encre sympathique

➡ Si vous utilisez une imprimante, secouez bien les cartouches d'encre afin de prolonger leur utilisation, même si l'appareil vous signale qu'il faut les changer.

➡ Lorsque vous imprimez, vérifiez la mise en page de vos documents pour éviter les pages blanches ou comprenant juste une phrase.

➡ Afin d'économiser des impressions, archivez vos documents en format PDF dans votre ordinateur.

➡ Pour économiser facilement l'encre de votre imprimante, employez la fonction « brouillon » et n'utilisez les encres de couleur que si c'est vraiment nécessaire.

Éco, écolo

➡ Fabriquez votre propre lessive avec du savon de Marseille en paillettes, de l'eau et du bicarbonate de soude.

➡ Pour conserver longtemps vos bouquets de fleurs, ajoutez une cuillère à café de bicarbonate dans le vase.

➡ Évitez d'acheter des produits anti-pucerons pour vos plantes. Vaporisez-les simplement d'un mélange de savon noir et d'eau, beaucoup moins cher.

➡ Si vous aimez les bananes, vous économiserez des frais d'engrais en utilisant les peaux de ces fruits riches en potassium. Coupez la peau en petits morceaux et enterrez-les au pied de vos plantes.

➡ Pensez à réutiliser certains ingrédients alimentaires après leur première utilisation. Les gousses de vanille peuvent parfumer un bol de sucre, les écorces d'orange peuvent être séchées et utilisées en pot-pourri, celles de citron, mélangées avec du vinaigre blanc font un bon nettoyant ménager.

➽ Si vous avez besoin de nettoyer des canalisations d'évier ou de lavabos, utilisez du bicarbonate de soude et du vinaigre ménager, très économiques, plutôt que les produits du commerce onéreux.

Lavage

➽ N'ayez pas la main lourde sur le détergent pour vos lavages. Le rinçage sera plus long et les dépenses en énergie seront plus importantes.

➽ Entretenez votre lave-linge, car une machine à laver entartrée consomme plus d'énergie. Ajoutez pour cela une petite dose de vinaigre blanc dans le bac à adoucissant à chaque lavage.

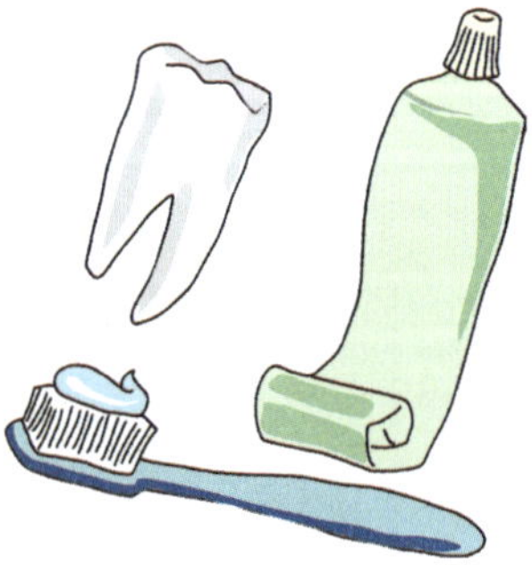

Bonne pâte

➽ Mettez moins de dentifrice sur votre brosse à dents (et constatez que vous ne perdez rien en termes d'efficacité) et que votre dentifrice dure plus longtemps.

MIRACULEUSE HUILE DE COCO !

➽ L'huile de coco possède mille et une vertus. Choisissez une huile vierge, première pression à froid BIO

Pour la maison

- Pour raviver les cuirs et lustrer les meubles en bois

Pour la cuisine

- Comme huile de cuisson.
- Pour assaisonner ses salades
- Dans le café, 1 cuillère à café véritable coup de fouet

Pour le visage et le corps

- Comme hydratant pour tout le corps
- Comme démaquillant, élimine toute trace de maquillage même waterproof et laisse la peau douce. Bien rincer après usage
- Comme déodorant. 1 cuillère d'huile de coco avec un peu de bicarbonate de soude et de fécule de maïs.
- Comme masque hydratant pour les cheveux secs, appliquer après avoir chauffé l'huile entre vos mains, recouvrir d'une serviette et laisser agir toute la nuit. Rincer au réveil
- Comme dentifrice. Ajoutez-y du bicarbonate de soude et vous obtiendrez l'effet blanchissant en plus.
- Comme lubrifiant pour les parties intimes
- Pour augmenter la guérison des éraflures et des brûlures sur la peau
- Pour apaiser l'eczéma ou les piqûres d'insectes
- Pour calmer les coups de soleil
- Pour soulager et faire désenfler un bleu

Dépannages, conseils, prestations et services peuvent se révéler très bon marché, voire totalement gratuits, grâce aux réseaux d'entraide, alors n'hésitez pas à y avoir recours, ni à y participer en proposant vos talents.

Services gagnants

Aide juridique

Sur ce site vous trouverez la liste des permanences où vous pourrez consulter gratuitement un avocat.

www.service-public.fr

Avocat gratuit en ligne

Pour profiter d'une assistance juridique en ligne adaptée à votre problème avec un avocat.

www.juridique-gratuit.com

www.assistance-juridique-gratuite.com

Droit-démarche-conso

Posez vos questions et s'ils n'ont pas la réponse immédiate, vous serez orienté sur le service concerné.

www.aide-sociale.fr

Médiateurs

Litige avec votre banque, votre propriétaire, un opérateur téléphonique, votre assureur ? Les médiateurs résolvent vos problèmes quotidiens gratuitement. Ils s'engagent à faciliter le dialogue et peuvent proposer des solutions que chaque partie est en droit d'accepter ou de refuser. Il existe des médiateurs dans des domaines divers comme les médiateurs de la République, médiateurs bancaires,

de l'eau, du logement, automobiles, assurances, mutuelles et un conciliateur des communications électroniques. Dans tous les cas, vous devez au préalable avoir écrit au service client et si vous n'avez pas de réponse au bout de 2 mois, vous pouvez contacter un médiateur.

- *www.mediation-telecom.org*
- *www.banque-france.fr*

Entraide de particulier à particulier

Dans les villes surpeuplées ou dans les campagnes désertées, il est de plus en plus difficile de trouver des professionnels qualifiés disponibles rapidement et à des prix raisonnables. Depuis quelques années, des systèmes d'échange de services ou de trocs se sont mis en place sur internet, vous permettant ainsi de trouver près de chez vous la personne qui vous dépannera en échange d'un service de votre part, immédiat ou différé.

Sur YakaSaider, par exemple, vous proposez les services qui entrent dans

votre domaine de compétence auprès de tous les membres, et vous bénéficiez de services dont vous avez vraiment besoin auprès de n'importe quel membre du site. Ainsi, vous pouvez trouver des personnes habilitées à vous dépanner si vous avez des problèmes, par exemple, de plomberie, mais vous n'êtes pas obligé de rendre un service à cette personne en particulier, mais à n'importe lequel des plus de 3500 membres inscrits sur le site à ce jour.

➽ *www.yakasaider.fr*

Need Welp

➽ Service d'entraide entre particuliers. Plus de 45 000 inscrits. Tous les services offerts, de la restauration de maison aux cours de maths ou à la garde d'enfants, etc.

➽ *www.welp.fr*

Le Sel de la vie

➽ Vous souhaitez avoir un petit coup de main bricolage, mais personne ne peut vous aider ? Avec le SEL de Paris, pratiquez le troc de services sans argent. Chacun propose ses services et indique ce qu'il souhaite obtenir en retour. Du bricolage, des cours de langues, du sport, du bien-être et tout plein de services. L'inscription internet annuelle est de 9 € et il faut envoyer son dossier d'inscription par courrier.

➽ *www.seldeparis.org*

Le colis voiturage

➽ Le colis voiturage, inspiré du covoiturage, permet d'envoyer ses plis à moindres frais. Le site vous met en relation avec des particuliers effectuant le trajet qui vous intéresse et qui prennent en charge vos paquets. Les transporteurs sont notés sur le site.

➽ *www.colis-voiturage.fr*

Réparer sa voiture

➽ Devant les prix exorbitants, des garages traditionnels, une résistance s'est mise en place : les garages solidaires ou associatifs. Le principe : des garagistes confirmés vous prêtent leurs locaux et leurs outils et vous aident à réparer votre véhicule pour un prix plus que raisonnable. Le système s'adresse aux bricoleurs.

➽ *www.solidarauto.org*

➽ *www.lesbrindherbes.org*

Cashback auto

➽ Vous pouvez également, si vous disposez d'un espace et une famille pour vous aider, commander vos pièces sur internet et profiter du cashback qui vous offre jusqu'à 5 % de réduction sur les achats de pièces détachées, suivant les sites sur lesquels vous les commandez.

Penser aux étudiants

➽ Une autre solution, faire réparer votre voiture par une école de mécanique ou un lycée professionnel. Le délai est un peu plus long, mais vous allez faire de réelles économies.

Carrossiers à domicile

➽ En cas de petit dégât, du type éraflure ou bosse sur la carrosserie, faites appel aux carrossiers à domicile et réalisez jusqu'à 60 % d'économie !

➽ *www.carmeleon.fr*

Shopping

Shopping, achetez mieux !

Faire le plein au supermarché, renouveler sa garde-robe, s'équiper, représentent une part très importante de votre budget. Les possibilités d'économie sur ces postes se révèlent très nombreuses : promotions, bons de réduction, cashback… Mais pensez aussi à échanger, acheter d'occasion et financer des achats grâce à la revente.

Bien gérer vos budgets et faire attention à la manière dont vous dépensez vous permettra d'en obtenir davantage pour votre argent. En ayant recours aux promotions et en en cherchant systématiquement les bonnes affaires, les réductions et les récompenses, vous économiserez plus en vous privant moins. Avant d'aborder en détail ces différentes possibilités, voici quelques conseils de base :

Soyez fidèles

Demandez les cartes de fidélité de vos enseignes préférées, elles vous permettent de cumuler des points qui donnent des réductions sur de nombreux produits, directement à la caisse ou en fin d'année.

Tenez-vous au courant

Il est important de bien suivre les prix des produits que l'on achète. Un article peut se voir proposé à prix réduit sans que cela soit clairement affiché. En connaissant les prix, vous serez à même d'acheter vos produits au moment des promotions et au meilleur prix de l'année.

Attendez le bon moment

La plupart des biens que vous envisagez sont vendus au rabais un jour ou l'autre. Pour économiser, attendez simplement le bon moment avant d'acheter. Et rappelez-vous que l'idéal consiste à mettre de côté les sommes économisées, pas de consommer davantage sous prétexte qu'un article se trouve en solde.

Jouez les réseaux

Avant d'acheter quelque chose parlez-en à vos amis, ils ont peut-être une combine ou le produit que vous cherchez et qu'ils n'utilisent plus. Sinon, vérifiez systématiquement sur le web pour de l'occasion, par exemple sur Leboncoin.fr et demandez sur Facebook à vos amis ou rendez-vous dans les brocantes, vides greniers, boutiques d'occasion ou de trocs.

Fixez des limites

Prendre l'habitude de faire des listes précises, elles permettent de se limiter à ce dont vous avez vraiment besoin et donc d'éviter des achats superflus.

Temporisez

Habituez-vous à attendre 48 heures avant de procéder à un achat important par rapport à votre budget mensuel ou sortez du magasin avant de passer à la caisse afin d'éviter d'acheter des articles qui ne vous serviront pas.

Faites attention aux suppléments

Quand vous achetez sur internet, vérifiez les frais de livraison et les frais de douane s'il s'agit d'une boutique à l'étranger. Aller chercher vos achats au magasin pour éviter de payer les frais de livraison.

Revendez !

Récupérez du budget en vous débarrassant des articles, vêtements ou meubles que vous n'utilisez plus et qui vous encombrent inutilement. Vous verrez plus loin qu'il existe désormais de nombreuses solutions pratiques et efficaces pour revendre toutes sortes d'articles.

Louez ?

Déterminez si vous avez vraiment avantage à acheter un article à l'utilisation ponctuelle, par exemple un appareil de bricolage, ou s'il ne se révèle pas plus intéressant de le louer. Vérifiez les tarifs de location sur internet.

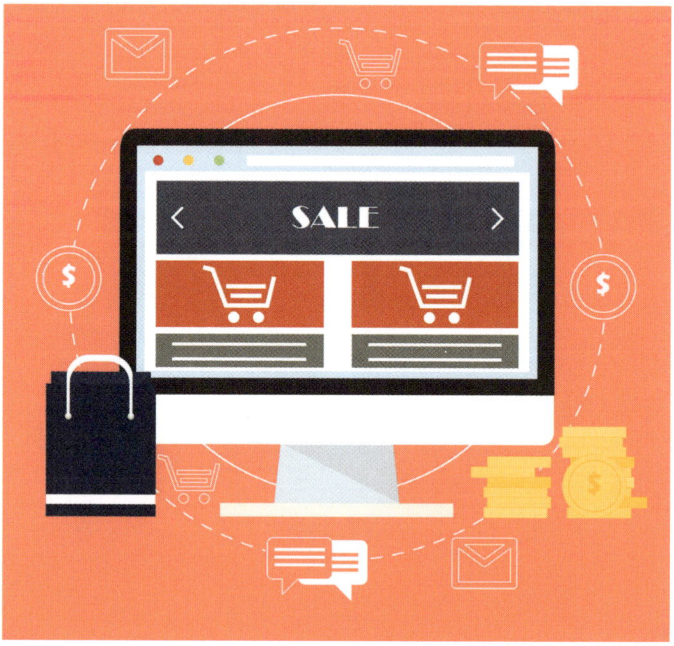

Super marchés au supermarché

S'il est un domaine où les économies vous tendent les bras pour peu que vous vous organisiez un peu pour en bénéficier, c'est bien celui de l'alimentation et des courses courantes. La grande distribution est un secteur très concurrentiel, où les marques et les enseignes rivalisent de promotions !

Chassez la promo

➠ Ciblez en priorité ces promotions, en épluchant les catalogues des grandes surfaces, en observant systématiquement le contenu de leurs têtes de gondoles, en envisageant les achats par lots proposés et surtout en combinant les bons de réduction, qui font baisser la note à la caisse, et les formules de cashback offertes par les applications mobiles, qui vous permettent de récupérer ensuite de l'argent sur vos achats.

Cumulez

➠ En additionnant tous ces avantages, on peut même parfois gagner de l'argent ! Nous avons constaté récemment un exemple sur un pack de lessive à 10,99 €, vendu avec une réduction de 70 % en promotion avec la carte de fidélité du magasin, - 2 € avec le coupon de réduction et encore 3 € de cashback avec une application mobile. Le prix final était donc de -1,71 €... Oui, les clients malins étaient rémunérés pour utiliser ce pack de lessive !

➠ Même si l'on n'arrive pas tous les jours à un résultat aussi ébouriffant, on constate tout de même qu'en moyenne le coût d'un caddie bien rempli peut diminuer de moitié grâce à l'emploi des différentes formules de réduction. Cela n'a donc rien de négligeable et le jeu en vaut bien plus que la chandelle.

➠ Vous devez donc absolument posséder les cartes de fidélité de vos enseignes favorites, vous renseigner en amont sur les promotions du moment, sur des sites comme anti-crise.fr, radins.com ou tiendeo.fr et y télécharger les coupons de réduction correspondante. Enfin, téléchargez les applications qui permettent d'obtenir des réductions après le passage en caisse, le fameux cashback.

POUR VOUS FAIRE REMBOURSER UNE PARTIE DE VOS COURSES

Les sites à consulter

- *www.anti-crise.fr*
- *www.nospromos.com*
- *www.radins.com*
- *www.mavieencouleurs.fr*
- *www.ma-reduction.com*

Les applications à télécharger

- *www.shopmium.fr*
- *www.fidme.com/fr*
- *www.quoty.app/fr*

La carte EMRYS

➽ Programme de fidélité valable en France et dans les DOM, Emrys est une coopérative sociale et solidaire qui vend des chèques cadeaux valables en supermarché pour payer ses courses. Plus on en utilise, plus on gagne de crédit d'achat sur son compte fidélité, ce qui permet de commander gratuitement de nouveaux chèques cadeaux, qui donnent encore plus de crédit, etc.

➽ *www.carte-emrys.fr*

EbuyClub

➽ EbuyClub vous reverse de l'argent sur vos achats chez + de 2430 marchands. Simple et 100% gratuit.

➽ *www.ebuyclub.com*

IGraal

➽ iGraal vous reverse de l'argent lorsque vous achetez sur internet, c'est le cashback.

➽ *https://fr.igraal.com*

Coupon network

➽ Coupon Network vous propose des bons de réduction alimentaire à imprimer et des offres de remboursement valables dans tous les supermarchés.

➽ *www.couponnetwork.fr*

Spécial Bio

➽ Remboursement de produits bio

➽ *www.biopromo.fr*

Toujours plus de bons plans

➽ Échantillons sur demande, campagne de tests produits, jeux-concours sans obligation, produits remboursés sur demande, nouveaux catalogues de magasin, bons plans divers et variés...

➽ *www.plusdebonsplans.com*

QUELQUES CONSEILS SUPPLÉMENTAIRES DE BON SENS

Résistez aux tentations

Allez faire vos courses le ventre plein, vous serez moins tentés d'acheter de la nourriture facile tous les 10 mètres...

Jouez avec les limites

➽ Achetez des aliments bénéficiant de prix réduits en raison de la proximité de leur date limite de consommation et congelez-les.

Suivez les saisons

➽ Notez et (re)découvrez les fruits et légumes de saison sur un papier, puis achetez-en quelques-uns pour vous préparer des soupes maison pour la semaine. Congelez le surplus.

Comparez au poids

➽ Pour savoir s'il vaut mieux acheter une grosse boîte plutôt que 4 petites, vérifier sur les étiquettes le prix par quantité, par exemple pour 100 g.

Court-circuitez

➽ Achetez directement aux producteurs, quitte à se faire livrer des paniers de légumes à domicile.

Essayez les épiceries solidaires

➽ ANDES, l'Association Nationale de Développement des Épiceries Solidaires, est un réseau rassemblant plus de 370 épiceries solidaires. Installé à Rungis, elle y récupère tous les jours les invendus.

➽ *www.andes-france.com*

SALE 30%
SALE 40%
SALE 50%
SALE 60%
SALE 70%
SALE 80%
50% OFF

L'habillement habile

Acheter ses vêtements d'occasion pour économiser, les revendre pour se donner le budget, voire directement les troquer, est devenu très tendance et de plus en plus l'économie participative, écolo, sympa et abordable, révolutionne notre approche de la mode et de l'habillement.

Si vous tenez à acheter vos vêtements neufs, privilégiez les périodes de soldes et le reste de l'année fréquentez les magasins d'usine pour obtenir un maximum de réductions. Mais la grande tendance pour se vêtir sans se ruiner est le développement du marché de l'occasion. D'un côté vous vendez les affaires qui encombrent inutilement vos placards, ce qui vous constitue un budget pour en acheter de nouvelles. De l'autre, vous bénéficiez d'une offre immense de vêtements à pas cher pour adapter vos habits aux besoins et aux envies du moment. De plus en plus de plateformes spécialisées vous permettent de revendre simplement le contenu de vos penderies et d'acheter en toute tranquillité des vêtements nettoyés, vérifiés et bon marché.

Vinted

Marché en ligne communautaire qui permet à ses utilisateurs de vendre, d'acheter, et d'échanger des vêtements et accessoires d'occasion, Vinted s'est fixé comme objectif de *« faire de la seconde-main le premier réflexe dans le monde »*.
Grâce à une une appli entièrement gratuite, ses 23 millions de membres à travers l'Europe peuvent acheter et vendre (sans frais), facilement et rapidement toute la mode en seconde main (femme, homme, enfant).

www.vinted.fr

United Wardrobe

Plateforme néerlandaise lancée en 2018, United Wardrobe cible la génération « Z », c'est-à-dire les 15-25 ans. Une population sans gros moyens mais désireuse de renouveler souvent sa garde-robe. Le site lui propose de faire d'abord le vide dans son dressing pour recommencer à acheter.

www.unitedwardrobe.com/fr

Patatam

S'inscrivant parfaitement dans la logique d'économie circulaire et collaborative, Patatam est un service en ligne pionnier du rachat et de revente de vêtements de seconde main pour femmes et enfants.

www.patatam.com

Label Emmaus

La boutique en ligne du mouvement de l'abbé Pierre constitue un relais de croissance pour le réseau des 350 bric-à-brac et boutiques solidaires Emmaüs en France. On y trouve des meubles, bibelots anciens et objets déco, mais aussi de nombreux vêtements de marque.

www.label-emmaus.co/fr

Videdressing

Filiale du Bon Coin depuis 2018, Videdressing repose principalement sur des petites annonces publiées via le site internet ou les applications. Consacré à la mode et au luxe d'occasion, il permet à ses utilisateurs de vendre et d'acheter des vêtements et accessoires.

www.videdressing.com

Troc vestiaire

Pour renouveler votre garde-robe à l'infini, vous pouvez vendre, acheter, échanger et louer vos articles avec d'autres membres, sans dépenser ! Les vêtements proposés sont autant de luxe (Yves Saint Laurent, Dior ou Chanel) que plus décontracté (H&M, Zara, Mango).
Pour échanger, vous créez votre propre penderie virtuelle avec les vêtements que vous souhaitez échanger. Ensuite, vous sélectionnez les articles qui vous intéressent dans les penderies des autres membres. Puis, les affaires commencent et vous envoyez un message à la personne qui possède l'article que vous souhaitez.

www.trocvestiaire.com

Mytroc.fr

Une plateforme innovante et ludique de don, de prêt et de troc de biens et de services, adaptant aussi sa solution pour les entreprises, collectivités et associations. Alimentation bio, produits récup', vêtements, high-tech, cours, loisirs, week-ends, garde d'animaux, annonces insolites, on trouve de tout sur MyTroc !

www.mytroc.fr

Vider les dressings

➽ Allez dans les vide-dressings. Un bon moyen de renouveler sa garde-robe à moindres frais.
Un site regroupe les vide-dressing selon la date et le lieu :
➽ *www.vide-dressing.org*

Prêt à changer, la plateforme qui rachète cash les vêtements d'occasion

➽ **Pretachanger** est un dépôt-vente en ligne avec plus de 200 000 articles de mode de grandes marques. C'est le 1er vide-dressing pour acheter, vendre et se faire racheter ses vêtements d'occasion. On y trouve des vêtements de marque pas chers pour femmes, enfants et bébés, des chaussures, sacs et accessoires de mode comme neuf, ainsi que du luxe.

➽ Il inclut 2 sections de tout-petits prix à moins de 10 euros et à moins de 40 euros.

➽ Pour vendre ses vêtements, on fait sa demande en ligne sans photo, en listant ce que l'on veut vendre, on expédie gratuitement en vrac via un dépôt dans le point relais Mondial Relay le plus proche et on reçoit son paiement sous 15 jours si les produits sont retenus. Ils sont rachetés à 15-20 % du prix de vente public pour être ensuite mis en vente via le site Prêt à Changer sur la marketplace Amazon pour les produits neufs encore étiquetés (environ 20 % de l'offre), et les portails eBay, Cdiscount, Videdressing ou Vestiaire Collective pour les autres.

➽ Ceux qui sont refusés sont soit retournés à leur propriétaire pour 4,90 euros quel que soient le nombre d'articles, soit remis à la Croix Rouge ou au Secours Catholique après accord avec le vendeur.

➽ *www.pretachanger.fr*

Troc party, soyez partant

Pour renouveler votre garde-robe, faire évoluer votre style et consommer responsable, courez donc les Free Troc Party de votre localité. Ces événements d'échanges sans argent, où l'on trouve vêtements, accessoires, livres ou objets, offrent l'opportunité de consommer sans bourse délier. *www.mesvoisins.fr*

Troc, prenez l'initiative

Mettez en place une Free Troc Box dans votre immeuble !
Il suffit d'imprimer le kit, de le coller sur un carton que vous disposez à un endroit idoine et tout le monde peut y déposer des objets ou vêtements et se servir de manière totalement libre.

Diversion : les paniers virtuels

Le shopping libère dopamine et endorphines, molécules du bonheur, faites donc du lèche vitrine en ligne, occupez votre soirée à remplir des paniers sans valider la commande. Vous aurez passé une soirée dopifiante sans trouer votre porte-monnaie et sans regretter d'éventuels achats impulsifs…

Shopping Junior

En tant que parents nous constituons une cible privilégiée des marketeurs et on serait souvent prêt à (presque) tout acheter pour le bien-être, le confort et le plaisir de notre progéniture. Qu'il s'agisse de nourriture, de mode ou de jouets, les enfants eux-mêmes sont très tôt influencés par le diktat de la cour de récré et le ciblage de la publicité. Et, étonnamment, ils retiennent bien plus facilement les jingles publicitaires de leurs marques de céréales préférées que les tables de multiplication…

Règles de base

➽ Évitez si possible de faire les courses avec vos enfants dans les grandes surfaces. La nécessité de leur prêter de l'attention vous détourne d'une part de la chasse aux promos et autres bonnes affaires, qui réclame de la concentration, et d'autre part ils vont forcément être tentés par quelque chose tous les 10 mètres et vous pousser à une consommation rarement pertinente ! Si vous ne pouvez pas aller seul(e) au supermarché, une solution consiste à opter pour les courses en ligne.

➽ Pour faire des économies sur les courses liées aux enfants, les recommandations sont globalement les mêmes que précédemment, comme de faire le plein pendant les soldes ou de s'équiper en occasion, mais le fait que les enfants grandissent et évoluent vite entraîne un renouvellement accéléré, en particulier dans l'habillement, qui justifie d'autant plus de faire appel au troc ou à l'occasion et certains types de consommation intensive, comme les couches pour bébé se révèlent spécifiques.

Les couches

➽ Avec cinq couches en moyenne par jour, la facture par adorable bambin peut représenter de 300 à 900 euros par an ! Acheter des couches en grandes surfaces revient bien plus cher que sur internet, à moins d'opter pour les marques de distributeurs qui servent souvent de produit d'appel à prix très réduit, mais dont la qualité se révèle terriblement inégale.

➽ Face au mastodonte Pampers, Lotus, dont les couches sont garanties 0 % lotion, parfum et colorant, met le paquet sur les promotions et les marques écolos (Joone, Naty, Lilydoo, Love & Green...), grappillent des parts de marchés. Du coup, soyez vigilants : faites fonctionner le bouche-à-oreille et surveillez les catalogues des hypermarchés qui proposent jusqu'à un paquet offert pour un paquet acheté. Surtout, scrutez les réductions sur Internet et n'hésitez pas à consulter régulièrement les sites de ventes privées.

➽ Si vous n'avez pas le temps d'écumer les promos des grandes surfaces, et que vous avez de la place pour stocker, les abonnements en ligne proposent des packs équivalents à la consommation mensuelle de votre bébé. Sur Amazon, les prix proposés sont de plus en plus attractifs selon le forfait que vous choisissez.

➽ *www.amazon.fr/abonnement-couches*

Mille et une nuits sans fuites

➽ En matière de couches, 1001 Couches est le site de référence. Il met à votre portée un large choix de produits pour bébés, pas chers et de grande qualité. Son catalogue est principalement composé de couches bébé Pampers, couches dédiées à tous les bébés quel que soit leur âge et leur taille, ainsi que de nombreux produits

comme les vêtements, les couvertures, les jeux... Livraison offerte, expédition sous 24h à partir de 49 €.
➼ *www.1001couches.com*

Achetez groupés

➼ Popularisé par des mastodontes comme Groupon, l'achat groupé tend à se développer dans le domaine de l'enfance, pour le bonheur des parents qui veulent faire des économies. Première du genre, la boutique Nos idées chics présente par exemple des bons plans dans les domaines de la mode, des loisirs, de la déco ou des services. D'autres proposent aussi des deals ciblés, comme Scoléo, qui offre l'occasion aux associations de parents d'élèves de faciliter l'achat de fournitures scolaires de leurs adhérents.
➼ *www.nosideeschic.com*
➼ *www.scoleo.fr*

Rentrée scolaire.

➼ Pour les fournitures scolaires et les livres de la rentrée, gardez en tête que les sacs à dos Eastpak sont garantis à vie et pensez aux achats groupés avec d'autres parents.

Ne vous privez pas des ventes privées

➼ Habiller les enfants chaque saison, faire et refaire la déco de leur chambre, s'équiper en puériculture, acheter des jouets... Soyons clairs, tout ça coûte un bras. Pour faire considérablement baisser la note, vous pouvez consulter les sites de ventes privées en ligne.

Cabane Chic

➼ Un site qui propose des articles de mode, déco, mobilier, bijoux, maman, femme enceinte, accessoires, linge et jouets. On y trouve de grandes marques et des petits créateurs triés sur le volet, parmi lesquels Bobo Choses, Adri, Sœur, Swildens Tee, Wowo. Les réductions pour les membres vont de -30 à -80 %.
➼ *https://ventes-privees-bebe.fr/cabane-chic-com.html*

So Small

➼ L'espace outlet et ventes privées du site de mode pour enfant Smallable. On y trouve des vêtements pour enfant, des vêtements pour bébé, de la décoration, de la puériculture et des jouets. Les réductions peuvent aller jusqu'à -80 %.
➼ *https://fr.smallable.com*

Bebeboutik.com

➻ Un site qui mise davantage sur les vêtements et accessoires pour bébé et sur la puériculture. Bien que l'on y trouve également des jouets et des articles pour enfant. Les réductions sur les ventes vont de -30 à -70 %.

➻ *www.bebeboutik.com*

Merci mercredi

➻ Le site de ventes privées de Petit Bateau. Au programme : des articles naissance, enfant et femme. Il suffit de s'inscrire et l'on reçoit la newsletter qui annonce les nouvelles ventes. Les réductions vont jusqu'à -50 %.

➻ *www.petit-bateau.fr/ventes-privees*

Bazar Chic

➻ Cet incontournable site de ventes privées dispose d'un espace « Enfant » qui propose des marques variées allant de Naf Naf à Bellerose en passant par les lunettes de ski et les cachemires.
Les réductions vont jusqu'à -85 %.

➻ *https://fr.bazarchic.com/accueil/children*

Troquez

➻ Les vêtements de bébés passent de famille en famille, tout comme poussettes, lits parapluies, veilleuses et autres objets de puériculture à la durée de vie finalement très limitée. Pensez systématiquement à troquer !

Apprenez à chiner

➻ De la poussette au lit parapluie en passant par la chaise haute ou la table à langer, les produits de puériculture neufs coûtent d'autant plus cher que leur utilisation est bien souvent limitée dans le temps.
En parcourant les sites de petites annonces, du Bon Coin à Priceminister, vous découvrirez de nombreux produits d'occasion, à prix cassés.

➻ Des sites spécialisés comme LeCoinBébé ou Bébépassion s'adressent même spécifiquement aux besoins des parents.
Quelques pages et groupes Facebook proposent aussi ce service. Jetez également un œil dans les friperies, les dépôts-ventes et sur les étals des vide-greniers. De bonnes affaires s'y cachent souvent.

➻ Graines de Paillettes propose des vêtements de seconde main de marque et en parfait état pour les enfants de 0 à 10 ans. Avec la carte SWAP (30 euros, 55 euros ou 75 euros) vous pouvez échanger 5-10 ou 15 vêtements trop petits de votre enfant contre des vêtements plus grands de même style et de même catégorie.

➻ *www.lecoinbebe.fr*

➻ *www.bebepassion.com*

➻ *www.grainesdepaillettes.fr*

Composez une liste de naissance

Pratique, elle permet à votre entourage de choisir un cadeau sans se tromper. Et à vous de faire le plein de produits de puériculture finement sélectionnés pour leur utilité. De nombreuses boutiques on et offline proposent ce service. Et si vous ne voulez pas dépendre d'une marque en particulier, rabattez-vous sur des sites spécialisés comme Ookoodoo ou Mesenvies.

www.ookoodoo.com/fr/liste-de-naissance

www.mesenvies.fr

Kadolog

Enfin une liste où vous pouvez tout rassembler, en gardant les avantages d'une liste traditionnelle, et plus encore. Du mal à choisir le magasin idéal ? Impossible de trouver tous les articles dans un seul endroit ? En manque d'idées, car vous avez déjà beaucoup à penser pour l'arrivée de votre bébé ? Envie de pouvoir recevoir le montant correspondant aux cadeaux sur votre compte bancaire, et pouvoir acheter dans les magasins de votre choix ?
Dès qu'une personne réserve un cadeau sur votre liste, Kadolog l'invite à verser le montant directement sur votre compte bancaire (via virement ou paiement en ligne) ou même à vous offrir le cadeau en main propre. C'est vous qui choisissez. Grâce aux dons reçus sur votre compte habituel, vous restez libre d'aller acheter vos envies cadeaux où et quand vous le souhaitez.

www.kadolog.com/fr

Des courses pour son avenir

Certains sites adoptent une démarche plus originale, à l'image de Capital Koala, qui permet aux parents de placer les sommes accumulées grâce au cashback sur un livret d'épargne rémunéré, ouvert au nom de leurs enfants

www.capitalkoala.com

C'est cadeau !

Les cadeaux les plus appréciés ne sont pas les plus chers, mais les plus personnels, ceux qui montrent que vous connaissez les goûts de la personne à qui vous les destinez. Ne cherchez pas à offrir des cadeaux de la même valeur que ceux que vous recevez si vous n'avez pas le budget nécessaire et n'achetez pas de présents à crédit. L'échange et le recyclage permettent de triples cadeaux : pour ceux qui les reçoivent, pour la planète, car ils limitent le gaspillage et la surproduction, enfin pour vous, car ils sont gratuits !

Tentez la gratuité

Faites cadeau d'un objet personnel

➜ Un beau livre pilier de votre bibliothèque, un objet ramené du bout du monde, un bijou que vous portez précieusement depuis des années… Le simple fait de vous en dessaisir lui donnera plus de valeur qu'aucun budget.

Donnez du temps

➜ Quand on n'a pas beaucoup d'argent à mettre dans un cadeau, on peut toujours offrir de son temps. Garder l'enfant d'une copine, préparer le déménagement d'un proche, repeindre le plafond de sa cuisine…

Offrez des mots

➜ Nous connaissons un père qui offrit à sa fille en guise de cadeau de Noël un épisode inédit de Fantomas autoédité ! Sans aller si loin, un texte émouvant, joliment calligraphié sur un beau papier, un carnet de voyage décoré de souvenirs, comme quelques photos et tickets rapportés d'un périple commun, toucheront souvent plus juste qu'un banal objet manufacturé…

Créez une playlist

Quoi de plus personnel et qui symbolise plus le partage que la musique ? Plutôt que vous ruiner en CDs, composez un programme musical à son goût. Il fut un temps où l'on offrait des mixtapes, sur cassette. Aujourd'hui on offre une playlist personnalisée sur une clé USB.

Matérialisez des images

Aujourd'hui (presque) plus personne ne prend le temps de faire imprimer ses photos, on aime pourtant toujours en afficher. Imprimez quelques tirages de vos meilleurs moments ensemble, encore mieux, créez un pêle-mêle qui raconte une histoire commune. Alternative : un montage vidéo, succès assuré !

CHINEZ À L'ŒIL

Des réseaux très vastes et structurés existent désormais pour vous procurer toutes sortes d'objets qui peuvent constituer d'excellents cadeaux.

Co-recyclage

Offre une seconde vie à vos objets, donnez, récupérez des objets gratuitement :
informatique, électroménager, vêtements, jeux, jouets, images, son, maison, déco, sport, bricolage, jardin, fournitures de bureau, voyages, loisirs, auto, moto, la liste est infinie…

www.co-recyclage.com

Freecycle

Le réseau mondial Freecycle est constitué d'une multitude de groupes à travers le globe (plus de 5000). Il s'agit d'un mouvement de presque 10 millions de personnes qui offrent et/ou récupèrent des objets gratuitement dans la ville où ils habitent et aux alentours.

https://fr.freecycle.org

Free
Sold
Sale
Free

Temps libre

Sports : se dépenser sans dépenser

Bon pour la santé, le sport peut constituer une activité aussi saine pour le porte-monnaie que pour le corps. Bien sûr, certains sports restent chers, mais vous allez voir que de nombreuses activités physiques ne coûtent rien, ou presque, et que les possibilités se révèlent nombreuses de dépenser plus de calories, mais moins d'argent !

➽ Plutôt que de vous précipiter à contracter un abonnement que vous ne rentabiliserez pas forcément, profitez plutôt des zones vertes de votre ville pour faire sans bourse délier du sport à l'air libre : vélo, course à pied, marche...

La voiture au garage !

➽ Économisez donc votre carburant tout en gardant la ligne et effectuez vos trajets quotidiens à pied, à vélo, rollers ou trottinette... Vous brûlerez plusieurs centaines de calories et vous oxygénerez vos muscles et votre cerveau.

➽ Prenez l'habitude d'emprunter les escaliers plutôt que l'ascenseur et pour vos moments de loisir, privilégiez une bonne marche en forêt ou dans un parc, ou encore des randonnées champêtres ou même urbaines. Tout cela est gratuit et bon pour le moral !

Dépense gratuite

➽ De tous les sports faciles à pratiquer, la course à pied reste la plus efficace et la moins coûteuse pour se dépenser vraiment. Une paire de baskets, un t-shirt, un short et c'est parti. En ville ou à la campagne, les parcours sont sans limites.

En ce qui concerne les sports collectifs, toutes les communes sont équipées de terrains de sport ouverts à tous. Avec ou sans ballon, vous trouverez toujours une équipe de basket, de football ou de volley à laquelle vous intégrer.

D'autres lieux publics permettent de pratiquer des activités comme le roller ou la musculation grâce à des appareils à disposition et les plus chanceux peuvent même aller nager dans l'océan ou bien un lac.

À domicile

➽ Si vous êtes plutôt « indoor », mais juste côté budget pour vous offrir un club de sport, réalisez que votre appartement est une salle de gym qui s'ignore. Il vous suffit d'un tapis (environ 15 €) et d'une connexion internet pour démarrer un vrai programme de remise en forme. Yoga, fitness, musculation, Zumba, cardio, des cours en vidéo sont disponibles gratuitement sur YouTube.

Astuce, vous pouvez convertir des bouteilles ou des boîtes de conserve en altères pour les bras, utiliser une chaise pour les fessiers et les abdos, un mur pour faire des squats...

La chasse aux bons plans

➽ Si vous habitez dans une grande ville, de nombreux cours et événements sportifs gratuits ont lieu toute l'année. Une ou plusieurs fois par mois, rejoignez les rangs des randonnées à vélo ou à rollers. Des parcours sympas qui vous font visiter la ville et rencontrer du monde. Dans les parcs, c'est plutôt Qi Gong et Yoga, y compris le week-end (pensez à vérifier les modalités d'inscription sur Internet).

Parcs à venues

➽ Profitez des équipements sportifs qui ont commencé à apparaître dans les parcs. Il est devenu très tendance pour les mairies d'installer des pédalos, des steps, des barres voir des appareils pour se muscler les bras dans les lieux publics.

À la « minute »

➽ Super à la mode sur Instagram, l'appli 7minWorkout propose un entraînement de 7 minutes, mélangeant des exercices de renforcement musculaire hyper intenses, à faire pratiquement tous les jours. Dans le même genre, vous avez aussi Seven, qui propose un défi sportif de 7 minutes. Les plus déterminés peuvent essayer les « body challenges ». Parmi les plus connus : le programme de 12 semaines de Sonia Tlev, une personal trainer qui revendique une communauté de près d'un million de fans sur Instagram.

Sport sans engagement

➸ Les sportifs occasionnels pourront profiter d'une séance découverte gratuite dans une salle de fitness à proximité avant d'envisager la pratique régulière d'une activité physique. Rien ne vous empêche d'essayer toutes les salles de la ville…

➸ Faute de temps ou de motivation, nous sommes nombreux à abandonner la salle de sport en cours de route, un peu dommage vu le prix de l'abonnement à l'année ou au mois…

➸ Pour éviter les frustrations, la startup Gymlib.com offre un accès à une salle de sports sans passer par un abonnement annuel. Le concept : La startup négocie des tarifs avec près de 1500 salles de sport et propose des accès de courte durée (une fois, cinq fois, trois mois…). Au programme : plus de 200 activités comme le crossfit ou le yoga bikram, à choisir autour de vous grâce à un système de géolocalisation.

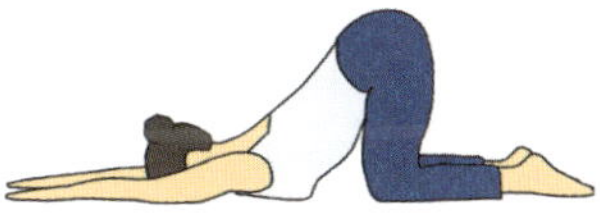

Pour les petites bourses, la plateforme en ligne

➸ Checkingym.fr propose une formule à la carte, avec des séances d'une heure à 5 euros. Le plus : un coach vous donne des astuces et des conseils pour progresser rapidement.

Se faire récompenser

➸ Plus ludique, la startup RunningHeroes.com vous encourage à faire du sport avec un système de récompense. La plateforme se connecte à toutes les applications de course et aux bracelets et montres connectés… Ils peuvent ainsi récupérer les données des utilisateurs et s'en servir pour leur proposer des goodies et/ou des offres de marques partenaires (Nike, Uber, Spotify…) en fonction du nombre de kilomètres parcourus.

CE, écoles, mairies…

➸ On n'y pense pas souvent, mais les comités d'entreprise peuvent négocier des tarifs très intéressants auprès de clubs ou d'associations pour des cours de sport organisés au sein de l'entreprise ou à l'extérieur…

➸ Autre piste pour les petits budgets : se rapprocher de votre mairie et des associations communales qui proposent des cours souvent moins chers que dans les clubs classiques.
Enfin, si vous êtes étudiant, rapprochez-vous de votre BDS (Bureau des Sports) ou BDE (Bureau des Élèves) pour savoir s'ils organisent des activités sportives à bon prix.

Plongez !

➸ Comparez les tarifs et horaires d'ouverture des piscines aux alentours et armez-vous de courage pour aller faire quelques longueurs. Ou profitez même d'un après-midi baignade dans une piscine privée ! La plateforme communautaire Swimmy permet en effet de mettre en relation les propriétaires de piscine et les baigneurs. Suivant un fonctionnement similaire à Airbnb, il suffit de chercher parmi les annonces la piscine de vos rêves, et ce, partout en France.

➸ *www.swimmy.fr*

Activités culturelles

La culture n'est ni une activité ni une marchandise comme les autres. En France en particulier, on défend une « exception culturelle » qui se traduit dans la pratique par de multiples offres à prix réduit et un accès souvent même gratuit à de nombreuses manifestations offertes au public.

On peut ainsi, sans bourse délier, assister à du théâtre de rue, art gratuit par essence, ou à de grands événements municipaux (Nuit blanche à Paris, Lille 3000...). Certains festivals de musique sont entièrement gratuits, comme ceux de Jazz à Toulon, à Paris ou à Besançon, ou partiellement payants, comme la Folle Journée de Nantes ou Musiques métisses à Angoulême.

Les expositions à « entrée libre » battent des records d'affluence et si la plupart des expositions temporaires sont payantes, les collections permanentes de nombreux musées municipaux, ceux de la Ville de Paris, par exemple, sont libres d'accès.
Dans les musées nationaux, le principe de la gratuité s'applique à certaines tranches d'âge (les moins de 18 ans, par exemple) ou à des périodes particulières (au Louvre, un dimanche par mois).

Enfin le prêt, de livres CDs et DVDs dans les médiathèques, qui organisent par ailleurs de nombreux événements, est le plus souvent gratuit.

Faites des activités gratuites.

Certaines municipalités offrent régulièrement des ateliers, des visites de musées gratuites certains jours de la semaine ou du mois, des concerts gratuits, des festivals...

Consultez les événements gratuits mis en place par votre commune et n'oubliez pas que l'entrée est libre pour les expositions d'art ayant lieu dans des galeries. Les musées, non seulement offrent des réductions à de nombreux publics (chômeurs, jeunes, séniors), mais ouvrent également régulièrement leurs portes gratuitement, par exemple à Paris, le premier dimanche de chaque mois, pour tout le monde, le vendredi soir après 18 h pour les - de 20 ans et lors de la Nuit des musées.

La journée européenne du patrimoine permet de découvrir librement la plupart de nos monuments, une fois par an.

Bonnes affaires

➧ Sur des sites comme *www.tiqets.com/fr*, vous trouverez toutes les activités les plus amusantes à ne pas manquer partout dans le monde. Musées, aquariums, parcs d'attractions, zoos, transports, spectacles… Tout y est pour faire de votre séjour un moment inoubliable, avec des prix parmi les plus bas du marché. De plus, le système vous facilite la vie en vous permettant de garder tous vos pass dans l'application sur votre smartphone.

Prévoir

➧ Donnez la priorité aux festivals gratuits, comme les Rendez-vous de l'Erdre à Nantes, mais pour les festivals payants, gardez en tête que la plupart pratiquent

des prix progressifs, qui augmentent au fur et à mesure que l'événement se rapproche. Planifiez un peu et profitez des tarifs « early bird », nettement moins chers.

Invitations

➧ Sur des sites comme *www.billetreduc.com*, on trouve fréquemment des places à prix réduit, voire des invitations gratuites à toutes sortes de spectacles : comique, danse, théâtre, musique, etc.

Vivre livre

➧ Pourquoi acheter des bouquins alors que vous pouvez les emprunter gratuitement à la bibliothèque ou à des amis ? Rendez-vous donc à votre bibliothèque municipale pour la découvrir et repartez avec un livre.

➧ Ou entrez dans le cercle vertueux de Circul'Livre, qui consiste à mettre gracieusement des livres à la disposition des habitants en leur demandant seulement de les remettre à leur tour en circulation après lecture, soit en les abandonnant dans un lieu public, soit en les rapportant à l'un des points de rencontre. ➻ *www.circul-livre.blogspirit.com*

➻ Enfin, si vous tenez absolument à en acheter, optez pour les livres d'occasion. Et si vous avez des étagères remplies de livres que vous ne lisez jamais, pensez à les vendre pour financer de nouvelles acquisitions, directement chez des libraires ou sur les plateformes internet spécialisées.

Lire à l'œil

➻ Tablettes et liseuses numériques permettent également de se constituer une belle collection de livres, avec l'avantage de pouvoir l'emporter avec soi en permanence. Là aussi, les solutions gratuites existent. Commencez donc à établir votre bibliothèque virtuelle en téléchargeant un premier livre numérique libre de droits. Profitez également des offres de téléchargement gratuit.

➻ Vous pouvez télécharger des livres gratuitement en format PDF ou ePub sur ➻ *www.1001ebooks.com*. Ce site exceptionnel propose des livres dans tous les genres, dont les nouveautés de l'année.
Utilisez les liens de téléchargement en bas de chaque fiche.

Livres, CDs, DVDs, avant d'acheter, vendez !

➻ Nous avons sélectionné pour vous 3 plateformes pour à la fois acheter à pas cher et revendre livres d'occasion et autres produits culturels.

Kiwibook

➻ Avec Kiwibook, vous pouvez réaliser jusqu'à 90 % d'économie par rapport au prix du neuf et même recevoir chez vous des livres gratuits en gagnant des kiwis en donnant vos avis de lecture. Sur Kiwibook, vous trouverez des milliers de livres à partir de 500 . Cela signifie que vous pourriez recevoir un livre gratuit en laissant une quinzaine de critiques entre 50 et 100 mots ou à peine plus de 6 critiques supérieures à 250 mots.
Un article de 500 mots = 1 livre gratuit (vous avez une bonne plume, un style rédactionnel bien à vous, un bon niveau de français et d'orthographe, un livre vous a particulièrement plu, vous êtes passionné d'une thématique très particulière ou vous avez des choses à dire sur un livre très populaire ? Alors, devenez critique littéraire !

➻ Kiwibook rachète également vos livres d'occasion à travers sa plateforme vendrelivre.fr. Quelques clics suffisent pour faire de la place dans sa bibliothèque tout en gagnant du temps et de l'argent. Il suffit d'entrer le code-barres du livre que vous voulez vendre, le site vous informe du prix de rachat, vous envoyez le colis, gratuitement, et recevez l'argent 14 jours maximum après réception de vos livres.

➻ *www.kiwibook.fr*
➻ *www.vendre-livre.fr*

Momox

➽ Depuis 15 ans, ce spécialiste de l'achat/vente de livres, CDs, DVDs et jeux vidéo vous permet de les acquérir aux prix les plus bas, jusqu'à 70 %, et de vendre rapidement les vôtres, à prix fixes, avec envoi gratuit et paiement automatique.

➽ *www.momox.fr*

Gibert

➽ Très connue des Parisiens, la marque Gibert Joseph et Gibert Jeune possède 40 boutiques en France, ainsi qu'un magasin en ligne qui vous propose la vente et le rachat de livres neufs ou d'occasion, mais aussi de la musique (CD occasion ou neufs, vinyles...), de la vidéo (DVD occasion ou neufs, Blu-ray...), mais aussi, des jeux et jouets et de la papeterie. Paiement sous 5 jours

➽ *www.gibert.com*

La télé au net

➽ Débarrassez-vous de votre téléviseur, mettez à profit votre ordinateur pour regarder vos émissions préférées en ligne et vos séries et films sur Netflix ou en streaming, vous économiserez la redevance. Vérifiez auprès de votre famille ou de vos proches s'ils utilisent tous leurs accès aux services de vidéo à la demande comme Netflix. Vous pourrez peut-être profiter d'un accès gratuit et faire des économies réelles.

Apprendre en ligne

➽ Langues étrangères, informatique, musique, dessin, peinture, travaux manuels, couture...
Les cours et tutoriels en ligne gratuits sur YouTube sont légions et les possibilités quasi infinies. Vous pouvez également proposer vos propres talents sur un site dédié ou en passant une petite annonce et ainsi obtenir une rémunération supplémentaire ponctuelle.

Cours de la vie

➽ Dans la vraie vie, vous pourrez également suivre gratuitement toutes sortes de cours et participer à des ateliers.
Sur *www.paris-friendly.fr* par exemple, on trouve aussi bien des cours de cuisine zéro gaspi que des leçons de danse funky, des soirées polyglottes ou des ateliers d'informatique.

Occuper les enfants

La plupart du temps, les enfants sont impatients parce qu'ils s'ennuient. En les occupant, ils ne verront pas le temps passer, pourront s'amuser et se faire plaisir. Pour leur communiquer des valeurs un peu moins matérialistes, privilégier les loisirs et activités gratuites ou à moindre coût.

Inciter votre enfant à jouer dehors

➽ Faire une balade dans la nature ou en ville constitue une bonne occasion d'éveiller la curiosité et le sens d'observation des enfants. Improvisez un pique-nique, organisez une chasse au trésor avec eux, prenez quelques jeux de société et un jeu de carte, des sacs pour ramasser des fleurs, des feuilles pour faire des bouquets ou créer un herbier.

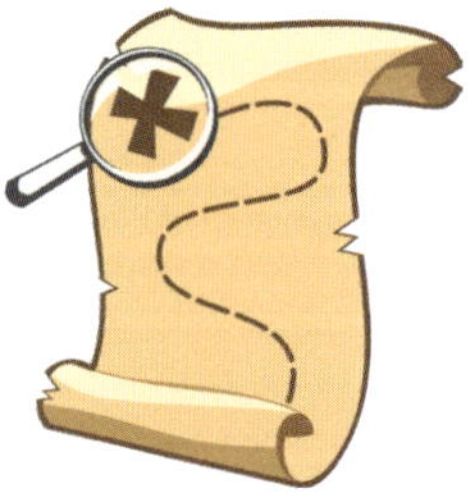

Pratiquer des activités manuelles et créatives

➽ Si vous avez la chance d'avoir un jardin, aidez vos enfants à construire une cabane ou un tipi.

Les activités que vous pouvez faire à l'intérieur peuvent également s'effectuer à l'extérieur autour d'une table : dessiner, peindre, faire de la pâte à modeler ou jouer aux Lego ou avec les planchettes Kapla, créer des dominos cailloux, fabriquer un cerf-volant...

➽ Si vous êtes en ville, on sort les craies pour dessiner une marelle, un jeu de l'oie géant, une maison de poupée, un circuit de voitures, un circuit à billes en ajoutant des obstacles avec des cailloux, de petites branches et des feuilles.

Faire des activités physiques

➽ Organisez un match de foot ou encore une partie de frisbee, car le jeu est le meilleur moyen de les convaincre de profiter de l'extérieur !

➜ Si vous avez un jardin, essayez d'aménager un coin agréable et propice au jeu en installant un toboggan ou des cages de foot, par exemple.
➜ Si vous habitez en ville, les aires de jeux permettent à vos enfants de se dépenser et d'inviter les copains et copines.

À la plage

➜ Organisez des concours de châteaux de sable, des circuits pour jouer aux billes. Ramassez des coquillages ou des cailloux pour les peindre ou jouez tout simplement avec eux au ballon.

À la maison

➜ Mettre la musique et danser, se déguiser avec les affaires des grands, se maquiller comme maman, faire du bricolage ou une séance DVD-popcorn maison, peindre, lire, jouer à des jeux de société, faire des collages, de la pâte à modeler…

Lire et dessiner

➜ Les inciter à lire des livres et ensuite faire un dessin pour illustrer l'histoire du livre.

Apprendre l'histoire de l'art avec les collages

➜ Imprimer 7-8 reproductions d'un peintre célèbre et demander à votre enfant de créer une nouvelle œuvre, en découpant, déchirant, assemblant et collant sur une feuille A4. Parlez-lui du peintre en même temps, il va se familiariser avec les traits et le style de l'artiste et vous pourrez constituer au fil des semaines une véritable galerie de grands maîtres de la peinture.

Cuisiner des repas à la maison

➜ La cuisine peut se révéler une activité ludique et agréable à faire en famille. Pas besoin de faire des choses compliquées, mais laissez-les vous aider pour créer des gâteaux, des crêpes ou des assiettes décoratives, vos enfants seront ravis de mettre la main à la pâte. Si vous devez préparer le repas et que vous lui avez promis de lui lire une histoire après manger, invitez-le à participer à la préparation et à vous assister.

En plus de vous aider à la maison, il pourra également apprendre les rudiments de la cuisine, du jardinage, ou tout simplement passer un moment en tête à tête avec sa maman ou son papa.

Créer un potager d'intérieur

➽ Vous vivez en appartement, apprenez à vos enfants à aimer les herbes aromatiques, les fruits ou les légumes, il y en a pour toutes les envies. Cela ne nécessite pas énormément de place et passionne les petits comme les grands !
Bien choisir l'emplacement de votre potager : cuisine, salon, salle à manger... de préférence dans une pièce lumineuse près d'une fenêtre ensoleillée.
Prenez des pots en terre, des jardinières ou des bacs. Vérifiez qu'ils soient troués au fond pour drainer les cultures, avec des soucoupes permettant de récupérer le surplus d'eau.
Placez des plantes au choix. Certains préféreront cultiver des herbes aromatiques comme le basilic, le thym, la coriandre ou la menthe ou bien des légumes comme les tomates, les radis ou même les laitues. Évidemment, si vous destinez ce potager à la consommation et pas uniquement à la décoration, assurez-vous que vos plants soient comestibles.
Les vendeurs en jardinerie sauront vous conseiller.

Pistache, l'appli magique

➽ Pistache, une appli ludique qui motive vos enfants à faire leurs petites missions du quotidien comme des grands, utilise le jeu comme pédagogie et le numérique comme support, au profit d'une éducation amusante.
Vous assignez des missions à vos enfants pour leur apprendre à devenir grands. Ensuite ils les réalisent dans la joie et la bonne humeur, les valident pour vous prévenir et accèdent ainsi à des dizaines de jeux et de vidéos adaptés.
Exemples de mission : "Aider à préparer le repas", "Aider au jardin", "Ranger les courses", "Faire ses devoirs", "Ranger sa chambre", "Aider à mettre la table"...
➽ *www.pistache-app.com*

Choisir un sport qui correspond à sa personnalité

➽ **Les sports individuels** sont parfaits pour les enfants indépendants : escrime, natation, gymnastique, athlétisme ou équitation. L'athlétisme suppose un goût de l'effort et de la performance assez prononcé.
➽ **Les sports qui requièrent de l'engagement physique** se révèlent les plus adaptés pour les enfants dynamiques et énergiques, voire un peu dissipés : arts martiaux ou rugby. Ces sports sont encadrés par des règles strictes où fair-play et respect sont de mises.
➽ **Les sports d'équipe** quant à eux, conviendront aux plus timides : basket, handball, volley et football, pour leur permettre de développer leur esprit d'équipe et leur sociabilité. Mais le judo ou le taekwondo peuvent également leur permettre de surmonter leur timidité.
➽ Pour les plus petits budgets, renseignez-vous auprès des associations sportives des écoles. Les inscriptions sont moins coûteuses et le matériel est souvent prêté aux élèves. Sinon, vous pouvez aussi opter pour des balades en famille, à vélo, roller ou skateboard.

Vacances & voyages à prix sages

En tête des voyageurs européens, 7 Français sur 10 partent en vacances d'été pour une durée moyenne de 2 semaines, avec un budget moyen par foyer de 2 200 euros. Si l'hexagone reste la destination privilégiée de 6 vacanciers français sur 10, près de 16 millions sont partis à l'étranger en 2018. Plus des trois quarts d'entre eux préparent leurs séjours sur internet et la moitié règle même intégralement leurs vacances en ligne. Plus que jamais, il convient donc de s'y retrouver dans le cyberespace pour économiser !

Règle de base pour faire de bonnes affaires

Consultez différents sites de voyage et tentez de trouver les promotions de dernière minute pour profiter d'une remise exceptionnelle. Vous trouverez par exemple de nombreux bons plans sur

www.loisirsencheres.com

Innover

SI vous souhaitez partir en vacances à l'étranger, essayez des destinations qui ne sont pas encore trop populaires. La facture sera beaucoup moins lourde.

Élargir

Pour économiser sur les dépenses d'hôtel, privilégiez les zones un peu excentrées et reliées au centre des villes par des transports en commun.

Prévoir

D'une manière générale, si vous voyagez durant les vacances scolaires anticipez très largement les réservations d'avion et de train et soyez conscients qu'il s'agit des périodes les plus chères. En revanche, les possibilités de covoiturage sont plus nombreuses.

Alléger

Préparez votre valise de vacances à l'avance et prévoyez une tenue par jour afin d'éviter la surcharge de bagages.

Prendre le train

Pensez aux Pass Inter rail pour vos prochaines vacances. Il vous permettra de découvrir en train de nombreux pays européens à prix très réduits.

Dormir

Un bon moyen d'économiser sur le budget vacances est de privilégier les trains de nuit. Vous éviterez une nuit d'hôtel à chaque fois.

Acheter son billet d'avion en ligne

Comment s'y retrouver dans la jungle des comparateurs de prix, où trouver les bonnes affaires, à quel moment réserver ? Voici nos meilleurs conseils…

Naviguez discret

Les algorithmes développés pour enregistrer vos recherches dans votre navigateur et les cookies que les sites visités déposent dans votre ordinateur permettent aux entreprises que vous visitez de vous reconnaître et de repérer quelles sont vos préférences et vos envies du moment. Si vous effectuez la même recherche plusieurs fois à peu de temps d'intervalle, c'est que vous êtes très susceptible d'acheter des billets d'avion prochainement. Les compagnies aériennes et les sites de vente de billets d'avion en ligne vous incitent alors à passer à l'action, en affichant, rien que pour vous, un prix supérieur pour vous pousser à acheter avant qu'ils n'augmentent encore plus. Pour ne plus se faire piéger, c'est très simple : après avoir effectué des recherches de billets d'avion, il faut passer en mode de « navigation privée » pour faire son achat, afin que les fameux cookies ne soient pas chargés.

Effacez d'abord vos empreintes numériques récentes en vidant le cache, l'historique et les cookies dans les paramètres de votre navigateur. Activez éventuellement une application de réseau privé virtuel (VPN), puis surfez après avoir activé le mode incognito (Chrome), le mode privé (Safari) ou ouvert une fenêtre privée (Firefox) dans votre navigateur. Cette étape vous permettra de naviguer sans cookie et d'obtenir les meilleurs prix !

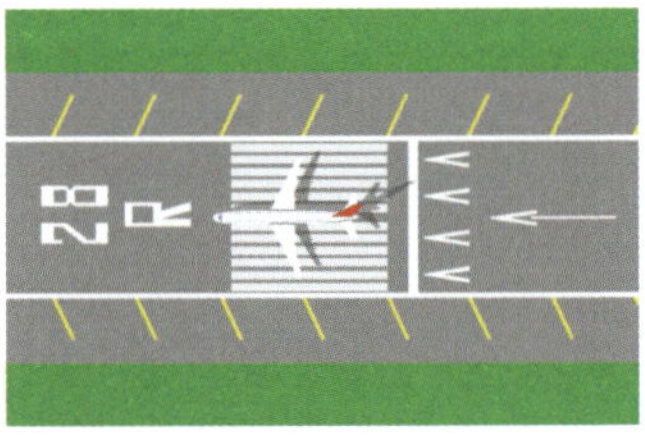

Low cost et aéroports secondaires

La plupart des grandes villes possèdent deux aéroports, dont un dédié aux

vols à bas coût avec des frais d'atterrissage moins élevés. Renseignez-vous sur les compagnies aériennes qui transitent par ces aéroports. Par exemple, en France les vols RyanAir partent de l'aéroport de Beauvais au lieu de Charles de Gaulle ou d'Orly. De la même manière, la capitale thaïlandaise Bangkok dispose de deux aéroports, dont celui de Don Muang, où opèrent la plupart des compagnies low cost comme Air Asia. Le service sur ces vols est très limité, mais ils vous permettent d'économiser beaucoup d'argent sur les prix des billets.

Les meilleurs comparateurs de vols

➡ Ne pas confondre les agences de voyages en ligne comme Opodo, Kayak ou Go voyage, avec les comparateurs de vols indépendants, même si ces derniers renvoient souvent sur les offres des premiers. Ceux-ci oublient parfois les offres des compagnies low cost et sont souvent liés à des compagnies aériennes et à des voyagistes, dont l'intérêt peut se révéler antagoniste avec celui de votre porte-monnaie, alors que les seconds sont neutres dans leurs résultats.

Il est utile de vérifier les offres sur plusieurs sites, car les prix peuvent varier de l'un à l'autre. On peut également utiliser ces sites pour « défricher » et voir quelles compagnies sont en période de promotion et semblent proposer les meilleures affaires du moment sur une destination donnée. On peut avoir ensuite intérêt à s'adresser directement à elles sur leur propre site internet et obtenir des prix équivalents, mais avec un suivi et un service après-vente généralement bien plus performants.

- www.skyscanner.net
- www.momondo.com
- www.skiplagged.com
- www.jetcost.com

Acheter au bon moment

En moyenne, une étude réalisée par le comparateur indépendant Skyscanner indique que le meilleur moment pour réserver des vols intérieurs est de 2 à 3 semaines à l'avance, alors qu'il semble optimal de réserver les voyages internationaux de 5 à 6 mois à l'avance.

Le meilleur moment de la semaine

Du mardi au jeudi, car c'est en milieu de semaine que les compagnies aériennes mettent leurs tarifs à jour. Ce sont également les jours les plus creux en termes de recherches.

Le meilleur moment de la journée

Selon les informations de Skyscanner, vous aurez plus de chance de réserver un billet d'avion pas cher à 5 heures du matin. Inversement, évitez de réserver un vol entre 19 h et 22 h.
Là aussi, c'est la fréquentation, et donc une demande moindre qui vous favorise.

Le meilleur moment de l'année

Le mois le moins cher de l'année pour prendre l'avion, toutes destinations confondues, est le mois de janvier, suivi de février et septembre. En partant au bon moment, il est possible de trouver des billets d'avion environ 22 % moins cher en moyenne.

Vol dernière minute à prix cassé

Si les vols achetés peu de temps avant le voyage coûtent généralement cher, il est malgré tout possible de faire de bonnes affaires en attendant la dernière minute, en particulier dans les périodes creuses (évitez de tenter le coup pour partir au soleil pendant les fêtes quand tous les avions sont pleins), certaines compagnies cherchant à remplir leurs sièges invendus à quelques heures du départ... Cela nécessite de se montrer flexible sur la destination et surtout sur sa date de départ.

L'application mobile Hopper (disponible sur iOS et GooglePlay) prédit les prix et vous aide à réserver vos vols au bon moment, parfois à une ou deux semaines du départ.
Il suffit de rentrer les dates et la destination que vous souhaitez, vous recevrez ensuite une notification quand le prix aura atteint le minimum possible.

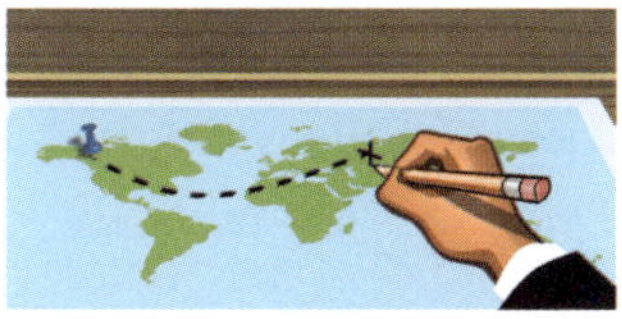

Utilisez les hubs pour trouver des vols moins chers

Plutôt que d'acheter la totalité de votre parcours à une seule compagnie, vous pouvez tirer profit des hubs aériens et des liaisons low cost en composant vous-même votre itinéraire. Par exemple, vous souhaitez partir à Bali ou au Cambodge. Il est fort probable qu'un Paris - Denpasar ou un Paris - Phnom Penh avec une même compagnie vous coûte plus cher qu'un Paris - Bangkok + un Bangkok - Denpasar ou Bangkok - Phnom Penh sur Air Asia.

Profitez des erreurs

C'est rare, bien sûr, mais ça existe ! Des erreurs de tarif viennent se glisser sur les sites de réservation en ligne et des petits malins passent leurs journées à trouver ces bons plans sur les différents moteurs de recherche, ainsi que les promotions les plus ébouriffantes. Ils les partagent ensuite sur leurs sites et gagnent une commission sur chaque vente. Par exemple, nous avons trouvé sur le site fly4free un aller-retour Londres -Tokyo pour 68 € ! On appelle ça le « travel hacking », voici quelques sites de ces sympathiques pirates :

- *www.fly4free.pl*
- *www.melhoresdestinos.com.br*
- *www.holidaypirates.com*

Un budget sur les rails

➽ Formules multiples, tarifs modulables, réductions diverses, bons plans, pour le train, réservez malin !

Réservez le plus tôt possible

➽ En effet, la SNCF met d'abord en vente un quota de places à -35 %, puis à -25 % et ainsi de suite pour un même trajet en TGV. Une fois que toutes les places à -35 % sont vendues, elle passe au palier suivant. Les ventes pour un trajet ouvrent 3 mois à l'avance. Pour bénéficier du meilleur prix, il faudra donc acheter votre ticket au plus tôt.

➽ En ce qui concerne les vacances scolaires, ça change un peu : pour Noël, les ventes ouvrent 2 mois à l'avance. Pour les vacances de février et de l'été, 4 mois à l'avance.

➽ Astuce : prendre vos billets très tôt même si vous n'êtes pas certains de vos dates. Tous les billets (Prem's inclus) sont annulables et remboursables…

➽ Pour des trajets hors de France, il est également préférable de réserver au plus tôt. Les ventes de Thalys (depuis Paris vers Bruxelles, Amsterdam et Cologne) ou avec Lyria (depuis Paris vers Genève et Lausanne), ouvrent 3 mois à l'avance. Celles de l'Eurostar (depuis Paris, Lille ou Bruxelles vers Londres) ouvrent 6 mois à l'avance.

Soyez souple sur les horaires

➽ Pour un même trajet, le train précédent ou suivant peut se révéler beaucoup moins cher !
Les périodes de pointe étant souvent le vendredi et le dimanche de 16 à 19 heures, essayez de privilégier d'autres horaires.
Prises d'assaut, les places

de ces TGV partent plus rapidement et passent donc plus vite au palier suivant, vers le plein tarif.
En décalant votre départ d'une ou deux heures, vous bénéficierez d'un tarif plus abordable. Consultez le calendrier des meilleurs prix de la SNCF : ➳ *www.oui.sncf/calendar/?lang=fr*.

Pensez aux billets Prem's

➧ Accessibles 3 mois à l'avance, les billets Prem's sont vendus en quantité limitée sur certaines destinations et sur certains trains. Ils sont échangeables et remboursables aux mêmes conditions que les billets classiques. Des billets Prem's dernière minute sont parfois disponibles dans les TGV quelques jours avant le départ sur Internet.

Oui aux OUIGO

➧ Vous pouvez désormais voyager en train low cost vers de multiples destinations (dont Rennes, Nantes, Marseille, Lyon, Bordeaux, Toulouse, Nice, Strasbourg ou Lille) avec OUIGO, des trains sans première classe et sans voiture-bar, mais dont les tarifs commencent à 10 € pour les adultes et 5 € pour les enfants de moins de 12 ans.
Les réservations ouvrent jusqu'à 9 mois à l'avance.

Intercités 100% low-cost

➧ Peu connus du grand public, les trains Intercités 100 % éco vous permettront, pour un prix allant de 15 à 35 € (maximum garanti), de vous rendre à Paris depuis Toulouse, Bordeaux ou l'une des villes se trouvant sur ces lignes (Angoulême, Brive, Cahors, Châteauroux, Orléans, Limoges, Montauban, Poitiers et Tours).
Les billets sont uniquement accessibles sur internet et ne sont ni échangeables ni remboursables.

Prenez une carte de réduction SNCF

➧ Quel que soit votre âge, il existe forcément une carte de réduction convenant à vos déplacements, fréquents ou occasionnels.
Les anciennes cartes enfant+, carte jeune, carte week-end et carte senior + ont toutes été renommées « Cartes Avantages » et sont proposées à un tarif unique de 49 € pour une durée d'un an avec une réduction de 30 % sur les tarifs des billets Prem's, Seconde et Première, en France et en Europe.

Abonnez-vous au programme de fidélité de la SNCF

➧ Au cours de l'année, le programme fidélité vous récompense avec des réductions jusqu'à 20 %. Dès 5 allers/retours effectués, vous pouvez bénéficier de 20 % de réduction sur un trajet de votre choix.
Plus vous effectuez de trajets, plus vous cumulez également des points, échangeables contre des cadeaux et réductions (cumulables avec

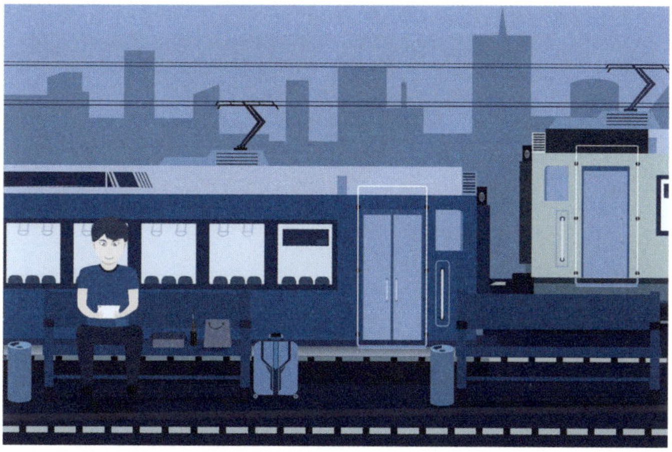

les cartes de réduction et les abonnements SNCF). Plus d'infos sur ➻ *www.OUI.sncf*. Un programme de fidélité, avec des avantages sensiblement similaires au programme Voyageur de la SNCF, est également disponible sur vos trajets effectués en Thalys avec TheCard.

Achetez un abonnement TGVmax

➻ Pour les voyageurs de 16 à 27 ans, l'abonnement TGVmax à 79 € par mois permet de voyager en illimité en France, sur les TGV et quelques trains Intercités. Si vous faites partie de la tranche d'âge concernée, faites bien vos calculs : à partir d'un aller-retour par mois cet abonnement est un véritable bon plan pour vos économies !

Récupérez du cash sur vos billets

➻ Avant de finaliser votre paiement sur le site de la SNCF, passez par Igraal afin de toucher une commission sur le prix de vos billets. Les sites partenaires inscrits sur cette plateforme reversent une commission lorsque les internautes arrivent via Igraal et achètent sur leur site. Igraal reverse alors une partie de cette commission aux internautes, c'est ce que l'on appelle le cashback. Pour vos billets de train, il peut aller jusqu'à 2 %. Vous cumulez l'argent dans une cagnotte en ligne que vous pouvez utiliser pour vos trajets en train, mais également pour de nombreux achats en ligne. Igraal fonctionne aussi pour les nuits d'hôtel, par exemple réservées sur ➻ *booking.com* ou ➻ *hotels.com*.
➻ *fr.igraal.com*

Rachetez les billets inutilisés

➻ Sur ➻ *Zepass.com*, vous pouvez acheter des billets de train non échangeables et non remboursables à des particuliers qui ne pourront pas les utiliser. Vous pouvez aussi acheter des billets dans ces conditions sur d'autres sites comme eBay, le Bon Coin ou ➻ *Kelbillet.com*.

Changer pour Trainline

➻ Vous pouvez acheter vos billets de train sur Trainline exactement comme sur Voyages-SNCF, tout en bénéficiant de vos cartes de réduction et abonnements SNCF.
Le site est plus épuré, plus simple d'utilisation et surtout souvent moins cher. Trainline vous affiche tous les trains, SNCF, Eurostar, Ouigo, Thalys, etc.
Un billet acheté sur Trainline vous rapporte 0,8 % de cashback sur iGraal.
➻ *www.trainline.fr*

Toujours plus en bus

Depuis la libéralisation du marché des transports en bus longue distance, l'autocar constitue de plus en plus une alternative à la voiture individuelle, au train et à l'avion, pour voyager de manière économique.

Car aimant

Les opérateurs de car, Blablabus, Eurolines FlixBus et isilines, ne cessent d'étoffer leurs offres et mettent toujours plus l'accent sur le confort et les services à bord, avec des sièges confortables, le Wifi gratuit et des prises électriques.

OUIBUS le service de voyages en bus longue distance de la SNCF est désormais passé sous la bannière de Blablacar, le leader du covoiturage, sous le nom de Blablabus. Gros avantage pour les voyageurs, l'interface vous

propose désormais les solutions disponibles pour un même trajet à la fois en car et en covoiturage.

- *www.blablacar.fr*
- *www.flixBus.fr*
- *www.eurolines.fr*

Comparez

Pour comparer les offres et trouver le meilleur rapport qualité-prix, il existe naturellement des comparateurs, comme Busradar et Comparabus.

- *www.busradar.fr*
- *www.comparabus.com/fr*

Voiture, la bonne conduite

Acheter d'occasion

➡ Évidemment, acheter une voiture d'occasion plutôt que neuve permet de réduire les frais considérablement. Faites néanmoins très attention à l'état réel du véhicule, vérifiez l'honnêteté du kilométrage annoncé et surtout prenez bien en compte tous les éléments de votre futur budget : consommation, frais d'entretien, assurance…

Achat neuf : envisagez les fins de série

➡ Pour acquérir un modèle neuf, pensez à regarder les fins de série. Vous serez davantage en position de force pour réclamer un geste commercial au vendeur, qui cherche à écouler son stock pour faire place aux nouveaux modèles. Les sites des grandes marques proposent généralement une rubrique « déstockage » comme Renault Shop ou Peugeot webstore.

Profitez des aides à l'achat de véhicules écoresponsables

➡ Renseignez-vous sur les primes et les bonus écologiques offerts pour l'achat de voitures moins polluantes. Ces coups de pouce peuvent vous permettre d'économiser plusieurs milliers d'euros… Vous pouvez par exemple bénéficier d'une aide jusqu'à 6000 € pour l'achat d'un véhicule électrique.

Révisions et contrôles, comparez les prix

➡ En prenant soin de votre voiture, vous vous assurez de faire des économies, car une voiture entretenue coûte bien moins cher à l'utilisation, notamment en termes de consommation. Vous pouvez économiser sur son entretien grâce aux

plateformes en ligne comme Vroomly ou Simplauto, qui permettent de comparer les tarifs des révisions et des contrôles techniques des différents garages situés près de chez vous. Pensez également aux précontrôles gratuits que proposent de nombreux garages afin d'identifier les réparations à prévoir, permettant de limiter le risque de contre-visite lors d'un contrôle technique.
➻ *www.vroomly.com*
➻ *www.simplauto.com*

Optez pour les pièces d'occasion

➻ Depuis le 1er janvier 2017, votre carrossier a l'obligation de vous proposer des pièces recyclées pour réparer. S'il n'en trouve pas, il doit pouvoir justifier sa recherche. Vous pouvez d'ailleurs chercher vous-même sur internet, notamment sur le site Yakarouler, qui propose un large choix de pièces auto à prix discount, en moyenne 30 % moins cher que le neuf.
➻ *www.yakarouler.com*

Renégociez votre assurance

➻ L'assurance auto représente le levier le plus immédiat d'économies. En effet, les assureurs n'apprécient pas tous les risques de la même manière et disposent de leur propre grille tarifaire, en fonction de l'âge du client, de son lieu de résidence, du nombre de kilomètres qu'il parcourt à l'année ou de son bonus. N'hésitez pas à contacter le vôtre pour renégocier votre police, après avoir évalué les différents contrats via des comparateurs en ligne comme ➻ *www.lelynx.fr.*

Stationnez gratuitement

➻ Pour économiser sur les frais de parking et trouver les emplacements non payants un peu partout en France et dans le monde, il existe des sites et applications dédiés comme Parkopedia ou Free Parking, grâce auxquelles vous localiserez facilement les adresses des stationnements gratuits.
➻ *www.parkopedia.fr*
➻ *www.freeparking.world*

Louez votre place de parking

➻ Vous disposez d'une place de parking peu utilisée ? Partagez-la sur le site de location entre particuliers Prends ma place, où le dépôt d'annonce est 100 % gratuit et la mise en relation facile. Si au contraire vous cherchez à vous garer à moindre coût, sachez que vous pouvez économiser beaucoup d'argent par rapport aux parkings publics pour une place située dans un secteur très demandé.

→ *www.prendsmaplace.fr*

Faites de la pub

→ Arborer des publicités sur votre véhicule peut vous permettre de gagner de l'argent tout en roulant. Les rémunérations vont de 50 € à 500 € par mois, selon le format de la publicité, la durée de la campagne et le modèle de votre voiture.

→ *www.otocomcom.com*

Trouvez votre carburant au meilleur prix

→ Le coût du carburant constitue la principale dépense lors d'un long trajet et selon les stations les prix varient parfois de plusieurs centimes, voire de dizaines de centimes d'euro sur l'autoroute. Deux applications téléchargeables gratuitement sur Android et iPhone, Essence & Co et Gasoil Now, vous permettent de faire le plein au meilleur prix, en vous indiquant sur une carte toutes les stations alentour, avec leurs tarifs, classés du moins cher au plus onéreux.

→ *https://mon-essence.fr*

→ *www.03july.com*

Optimisez les trajets d'autoroute

→ Après le carburant, le coût des péages est ce qui pèse le plus dans un budget voyage, un coût apparemment incompressible. Pourtant il est tout à fait possible de faire des économies sur ce poste en morcelant votre trajet.

Les compagnies qui gèrent les autoroutes ont en effet des politiques tarifaires complexes et payer certains tronçons en sortant de l'autoroute pour y rentrer immédiatement donne souvent une note finale allégée. Vous pouvez préparer votre trajet sur le site référence en la matière Autoroute-éco ou utiliser en direct l'application Péago

→ *www.autoroute-eco.fr*

→ *www.getpeago.com*

Partagez les frais

→ Tournez-vous vers le covoiturage, qui consiste à partager un même à trajet à plusieurs dans une voiture moyennant une participation aux frais de carburant et de péage que les passagers payent au conducteur. Le court-voiturage est en gros la même chose, mais sur des trajets plus cours et généralement de manière régulière, en particulier pour aller au travail, en partageant le véhicule avec une ou plusieurs personne(s) qui effectue à peu près le même trajet. Consultez le site Karos.

→ *www.blablacar.fr*

→ *www.drivy.fr*

→ *www.mobicop.fr*

→ *www.karos.fr*

Hébergements à prix cléments

Devenus incontournables pour réserver ses vacances, les sites de réservations en ligne proposent des tarifs globalement compétitifs, mais qui ont pourtant tendance à augmenter pendant la haute saison. Quelques astuces permettent néanmoins de payer moins cher.

Profitez des programmes de fidélité

➽ De nombreux sites de réservations comme Booking.com proposent des programmes de fidélité permettant de bénéficier de réductions de l'ordre de 10 % à 15 % en obtenant le statut « Genius ». Il suffit de réserver une fois sur la plate-forme pour obtenir un niveau 1 et cinq fois en 2 ans pour obtenir un niveau 2, qui permet d'augmenter la réduction de 10 à 15 % et d'obtenir des petits déjeuners gratuits dans certains établissements.

Surfez avec un VPN

➽ Les sites de réservations en ligne appliquent souvent des tarifs différents selon les pays depuis lesquels la réservation est effectuée. Tout comme les compagnies aériennes, les hôtels et plateformes de réservations adaptent en effet leurs tarifs en fonction du marché. On peut donc trouver des deals avantageux en changeant sa localisation avec un VPN (Virtual Private Network) pour des pays en voie de développement comme l'Inde, la Chine, le Brésil ou les pays de l'Est...

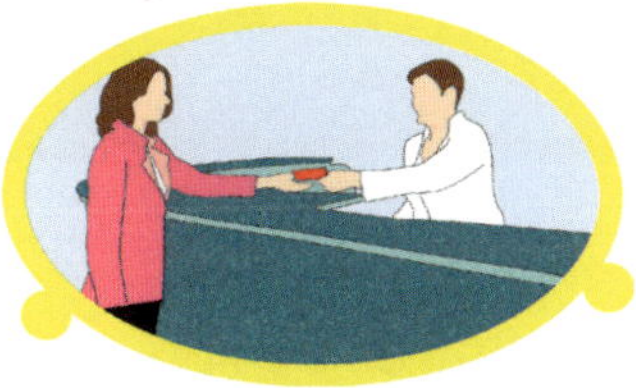

Essayez directement avec l'hôtelier

➽ Les plateformes comme Booking.com ou Agoda prélèvent une commission sur chaque réservation, de l'ordre de 15 %. Si les hôtels pratiquent généralement des tarifs plus élevés pour les consommateurs qui réservent directement, il se révèle toutefois souvent possible de négocier directement avec eux, en particulier les petites guest-houses et les hôtels plus modestes que ceux des grandes chaînes.

Trouvez le bon moment

➽ Comme dans les autres domaines, il est évidemment vivement conseillé de réserver son hôtel le plus tôt possible. Pour obtenir les meilleurs prix, mieux vaut réserver 3 mois à l'avance. D'après les études réalisées pour les voyagistes, le dimanche se révèle le jour à éviter pour réserver, alors que les vendredis proposent en moyenne des tarifs plus attractifs.

Réservez à la dernière minute

➻ Evidemment, se reposer sur ce principe comporte des risques, en particulier pour les destinations très touristiques en haute saison. Mais en faisant preuve de souplesse sur les destinations et les emplacements, vous pourrez économiser facilement plusieurs dizaines d'euros sur une chambre en réservant au tout dernier moment.
Certaines structures en ont même fait leur activité principale : au lieu de proposer des réservations plusieurs mois ou semaines à l'avance, elles se sont spécialisées dans les réservations la veille ou le jour même des dernières chambres disponibles :
➻ *www.hoteltonight.com/fr*
L'application booking now, de booking.com

Profitez des ventes privées

➻ *Voyageprivé.com* propose des chambres d'hôtels et des séjours avec des réductions de -30 % à -80 %. Il s'agit pour la plupart d'hôtels de 3 à 5 étoiles qui bradent leurs chambres. Tous les hôtels et notamment ceux des grands groupes comme Accor proposent régulièrement des promotions. Pour en être informé, il suffit de s'inscrire gratuitement sur le site des hôtels convoités. Seul bémol, ces offres sont limitées dans le temps et seuls certains hôtels sont concernés. Difficile donc de trouver la bonne offre au bon moment. À moins d'anticiper son voyage longtemps à l'avance et d'être patient. Cherchez également sur
➻ *loisirsencheres.com.*

Envisagez d'autres formules

➻ Aujourd'hui les hôtels ne sont plus les seuls hébergements proposés dans les zones touristiques. Pour les budgets vraiment serrés, l'échange de maison peut constituer un moyen très économique, et intéressant, de voyager.
Le camping reste une valeur sûre et de nombreuses offres plus haut de gamme comme le glamping se sont développées.
Enfin, l'hébergement chez l'habitant, en particulier à travers la plateforme Airbnb permet de trouver des chambres ou des logements entiers partout sur la planète.

Échangez votre maison

➻ Pensez aux échanges de maisons pour les vacances et posez vos valises dans une maison vivante plutôt que dans une location impersonnelle. De nombreux sites proposent des solutions économiques et faciles à mettre en œuvre et 40 000 Français optent chaque année pour ce moyen malin de découvrir de nouveaux horizons à moindres frais et sans risque, la réciprocité de l'échange constituant une forme de garantie puisque les personnes à qui vous confiez votre domicile vous confient le leur.

➽ On ne décide pas d'échanger sa maison sur un coup de tête. Ce type de vacances se prépare. La plupart des sites conseillent de s'y prendre au moins trois mois avant le départ, l'idéal étant même de commencer ses recherches d'une année sur l'autre. Difficile de savoir à l'avance ce que vous pourrez obtenir contre votre maison, car il n'existe pas de barème de l'échange, le principe consistant plutôt trouver un lieu et des personnes qui vous correspondent. La France est une destination recherchée et les logements à échanger s'y révèlent à la fois nombreux et très demandés.

➽ Il existe des dizaines de sites d'échange de maison, majoritairement payants (de 85 € à 312 € par an). Après avoir exploré tous les sites existants, nous en avons sélectionné 5 payants et 2 gratuits :

Homeexchange, le leader

➽ Avec un nombre d'offres phénoménal, plus de 65 000 à travers le monde, c'est le site numéro 1 avec un potentiel d'échanges bien plus important qu'ailleurs. HomeExchange vous offre une deuxième année d'abonnement au cas où vous ne trouveriez pas d'échange pendant la première.
Ce leader mondial de l'échange de maison est français et soutenu par la MAIF, une société d'assurance mutualiste.
➽ *www.homeexchange.fr*

Lovehomeswap, le plus chic

➽ Site très haut de gamme, il propose 3 formules, de 108 € à 312 € par an incluant différents niveaux de services, dont des accès aux lounges d'aéroport et un service d'assistance.
➽ *www.lovehomeswap.fr*

Intervac, l'Européen

➽ La tarification d'Intervac est spécifique : 130 € pour échanger uniquement à l'étranger, 85 € uniquement en France et 145 € partout dans le monde.
Intervac a un représentant dans chaque pays pour aider ses membres.

Homelink, l'Américain

➽ Sur ce site américain à 125 € par an, l'accent est mis sur les affinités entre

membres, on peut d'ailleurs lancer une recherche par centres d'intérêts communs. Homelink a des représentants dans 27 pays pour répondre à vos questions et offre une période d'essai gratuit.

Behomm, pour créatifs

➽ 95 € la première année, 190 € par an ensuite. Créé par un couple de graphistes barcelonais, le site s'adresse exclusivement aux créatifs ou passionnés de design. Il fonctionne comme un club privé de propriétaires de maison « design ». Il reverse 5 % de ses profits à l'œuvre caritative Archive Global.

➽ *www.behomm.com*

Switchome, l'associatif

➽ L'inscription est gratuite à vie, pour tous. Seule la mise en avant d'une annonce se fait en échange d'un don à l'association. Entièrement géré par des bénévoles, le site dispose en particulier d'un large volume d'offres d'échanges en France.

➽ *www.switchome.org*

People like us, le nouveau qui monte

➽ Né à partir d'un groupe d'échange de maisons très actif sur Facebook. Ce site gratuit travaille en symbiose avec une communauté active essentiellement composée d'échangeurs de maisons expérimentés.

➽ *www.peoplelikeus.world/fr*

Campez sur vos positions

➽ **Chez l'habitant**

Planter sa tente chez un particulier constitue l'option idéale, non seulement pour éviter les campings surpeuplés, mais surtout pour économiser, car les prix pratiqués sont souvent 3 fois moins élevés que dans un camping traditionnel.
Fondé sur le principe de l'économie collaborative, le camping chez l'habitant est proposé aujourd'hui par des sites comme ➽ *campedansmonjardin.com* ou ➽ *gamping.fr* qui mettent en relation les campeurs et les propriétaires, en fonction de vos désirs : campagne, bord de mer, piscine, montagne...
Les services proposés dépendent des particuliers qui vous accueillent. Dans certains cas, vous pourrez même profiter d'une piscine !

➽ **En bivouac**

Planter sa tente en pleine nature est évidemment le moyen le plus économique de faire du camping, car il est carrément gratuit, mais on n'appelle pas ça pour rien du camping sauvage et il convient d'installer son campement à la tombée de la nuit et de partir au lever du jour pour éviter d'attirer l'attention... Le choix de la tente et notamment de sa couleur se révèle donc très important. Privilégiez le gris ou le vert sombre pour vous fondre dans le paysage...

Louez chez des particuliers

➽ Si l'on peut toujours partir à la chasse à la petite annonce sur *leboncoin.fr*, faire jouer ses réseaux ou s'adresser à de nombreux sites de logement chez des particuliers, Airbnb reste incontournable, même si les prix pratiqués ont subi une réelle inflation ces dernières années.
Des alternatives existent néanmoins, comme
➽ *www.wimdu.fr* ou
➽ *www.hundredrooms.fr*.

Couchsurfez

➽ Littéralement le surf sur canapé, le couchsurfing repose sur un vaste de réseau mondial de gens qui proposent parfois une chambre, la plupart du temps de simplement passer la nuit sur le sofa de leur salon. L'hébergement est gratuit, mais impose un minimum de participation et d'interaction avec ses hôtes, il nécessite donc d'avoir l'envie de rencontrer des autochtones, autant que de faire des économies. La plateforme incontournable est ➽ *www.couchsurfing.com*

Wwoofez

➽ Testez le Wwoofing ou « opportunité dans des fermes bio du monde entier » lors d'un week-end ou même pour vos prochaines vacances.

En gros, les volontaires (ou wwoofeurs) s'initient aux savoir-faire et aux modes de vie biologiques, en prêtant main-forte à leurs hôtes, agriculteurs ou particuliers, qui leur offrent le gîte et le couvert.
Une bonne opportunité de passer des vacances actives et saines pour pas cher.
➽ *www.wwoof.fr*

Argent / Change

Frais

Si vous partez en vacances à l'étranger, vérifiez auprès de votre banque les frais de paiement et de retrait par carte bancaire. Ils peuvent se révéler significatifs. Choisissez la méthode la plus économique et ayez de la monnaie liquide sur vous pour les petits achats.

Change

Si vous changez des euros contre une monnaie locale, évitez généralement de le faire à l'aéroport d'arrivée.

La plupart du temps les guichets des banques y pratiquent des tarifs plus élevés qu'en ville.

Retrait

Dans la plupart des pays vous trouverez des distributeurs de billets. À chaque fois que vous tirez de l'argent, des frais s'appliquent, il est donc plus économique de retirer de grosses sommes plutôt que de multiplier les petits retraits.

Attention aux connexions

En vacances, si vous ne disposez pas d'un forfait illimité ou du moins assez musclé, pour éviter des frais importants de téléchargement de données, téléchargez les cartes et les plans dont vous aurez besoin dans un lieu équipé du Wifi avant de vous lancer dans les visites.

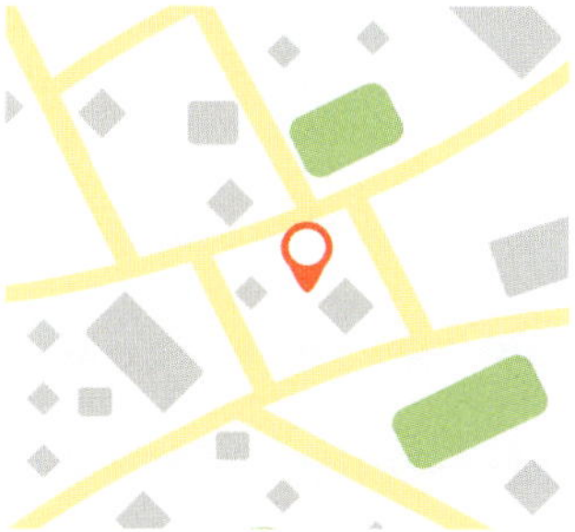

Vous pouvez même télécharger une application permettant de localiser tous les spots Wifi de l'endroit de vos vacances afin de limiter vos frais de connexion, particulièrement à l'étranger.

Dès que vous quittez le territoire national, pensez à désactiver la fonction d'itinérance sur votre smartphone afin d'éviter de très mauvaises surprises, sauf si vous tenez à pouvoir vous connecter en permanence. Dans ce cas, il faut absolument vous renseigner auprès de votre opérateur, qui propose forcément une offre adaptée de forfait de « roaming » permettant de téléphoner, envoyer et recevoir des sms et surtout de se connecter à internet à moindres frais.

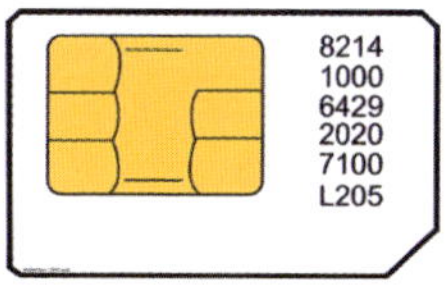

Dans bien des cas, en particulier hors de l'Union européenne, il est plus économique d'acheter une carte sim locale prépayée pour le temps du séjour. Elle permet de se connecter au tarif local et d'éviter les mauvaises surprises.

Dépenses en vacances

Enveloppe

➽ Si vous craignez de trop dépenser en vacances, pratiquez la technique des enveloppes. Une enveloppe par semaine avec le montant à dépenser, sans le dépasser.

Jeux & jouets

➽ En vacances il est souvent difficile de faire des économies. Il est du coup important de les planifier à l'avance. Achetez des jouets de plage avant de partir pour ne pas subir les prix excessifs des bords de mer. Emportez des jeux de société pour éviter les distractions trop onéreuses.

Gourde

➽ Pour économiser intelligemment sur la plage, pensez à apporter des bouteilles d'eau du robinet qui vous éviteront d'en acheter sur place.

Esquimeau

➽ Si vous adorez les glaces durant les chaleurs de l'été, préparez rapidement des esquimaux maison idéaux pour les retours de plage en fin de journée. De l'eau, du sirop ou du jus de fruits et des moules en silicone feront l'affaire et vous permettront des économies significatives.

La Famille

Économisez en beauté!

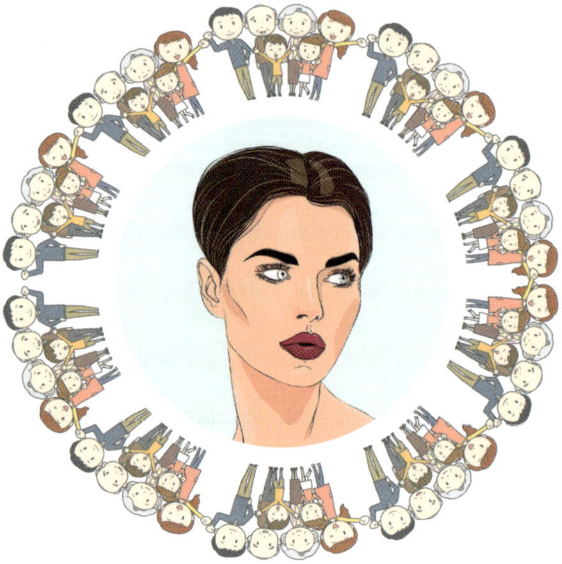

Les produits de beauté, un poste important pour les femmes et depuis quelques années pour les hommes, avec des millions dépensés pour nous mettre en valeur et préserver notre apparence. Alors, trouvons les cosmétiques à prix chic !

Produits pas chers

➡ Un certain nombre de sites vous permettent de trouver des produits de beauté ou de maquillage démarqués ou en solde.

- ➡ *www.notino.fr*
- ➡ *www.parapharmacie-en-ligne.com*
- ➡ *www.beauty-discount.fr*
- ➡ *www.foliecosmetic.com*

Fabriquez vos produits de beauté

➡ Si vous avez du temps en dehors de vos activités quotidiennes, voici un bon moyen de faire des économies sur vos produits de beauté tout en vous assurant de leur qualité. Ces sites très bien pensés vous donneront les recettes nécessaires à leur réalisation, mais en naviguant sur la toile vous en trouverez des dizaines d'autres.

- ➡ *www.latelier-green.com*
- ➡ *www.quintonic.fr*
- ➡ *www.montremoicomment.com*
- ➡ *www.toitsalternatifs.fr*

Coup de bluff

➡ Un petit coup de blues quand vous êtes devant le miroir ? Les rides profondes creusent des sillons permanents et vos amies vous vantent les bienfaits de l'acide hyaluronique et du Botox, mais votre budget déjà serré vous l'interdit. Allez sur internet, tapez « Botox raté » dans votre moteur de recherche et admirez le travail. Certaines de vos stars préférées n'ont plus que leurs yeux pour pleurer. De votre côté, vous aurez repris confiance en vous sans dépenser un centime !

Coupe gratuite

➡ Repérez les ateliers d'étudiants en coiffure et optez pour des coupes ou des brushings gratuits.

Une cagnotte en bonne santé

Pour la santé également, les Français sont champions de la dépense ! Plus de 32 millions d'euros en 2018. Pour réduire ce montant faramineux, mais pas toujours justifié, voici deux solutions : des sites proposant des médicaments en « discount » et d'autres qui vous donnent des moyens de soigner les affections ne nécessitant pas la visite chez le médecin, grâce aux recettes de vos grand-mères : les produits naturels.

Payez moins cher vos médicaments

Voici des sites comparateurs de prix pour acheter des médicaments courants à des prix raisonnables. Mais n'espérez pas de miracle, il s'agit d'un domaine très encadré.

- *www.unooc.fr*
- *www.compapharma.com*

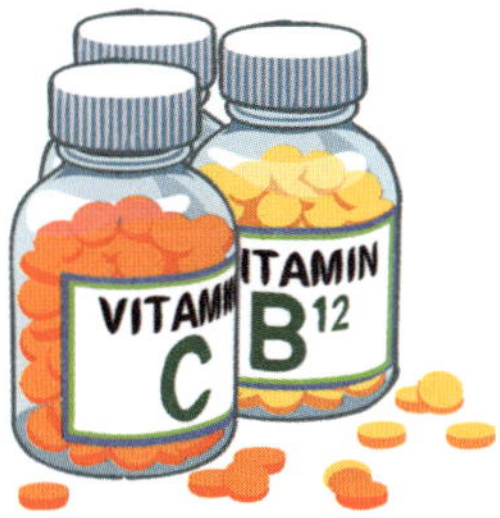

Soignez-vous au naturel

Premier pas : mangez sainement ! Même si cela coûte un peu plus cher au départ, vous nourrir de produits sains, sans trop de pesticides ou de conservateurs, vous permettra de bénéficier de meilleures défenses naturelles et donc d'économiser sur les médicaments d'officines. Ensuite, soignez vos petits bobos et ceux de votre famille à la maison, en profitant des recettes diffusées largement sur internet par des spécialistes qui ont votre bien-être à cœur.

- *www.topsante.com*
- *www.passeportsante.net*
- *www.bioalaune.com*

Offrez une cure de moringa à toute la famille

Surnommé l'arbre miracle ou arbre de la vie, le moringa se montre parfait pour la prévention et la gestion des maladies et restaure la vitalité naturelle et l'équilibre du corps. Les concentrations en nutriments de ses feuilles (vitamines, minéraux, protéines oméga 3, etc.) se révèlent plus importantes que dans la plupart des végétaux.
À consommer sans modération, en infusion, en cachets ou en poudre, pour booster votre système immunitaire toute l'année. Moringa artisanal est issu de l'agriculture biologique cambodgienne et certifié par Ecocert :

- *www.lediamantvert.fr*

Prévenir plutôt que guérir

Prévoyez une visite de contrôle chez le gynécologue, chrez l'ophtalmo et chez le dentiste au moins une fois par an. Ceci permettra la prévention de soucis importants et onéreux.

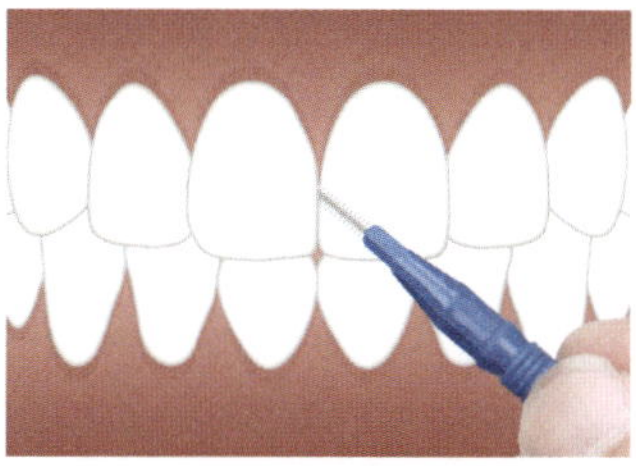

Faire garder ses enfants

Pour le plein épanouissement et l'équilibre des enfants, certaines dépenses sont indispensables et on ne choisit pas sa baby-sitter comme on choisit un bon restau. Il existe pourtant énormément d'options pour faire garder votre progéniture dans des structures extérieures collectives ou à domicile, tout en bénéficiant d'aides financières et de réductions d'impôts.

La famille

Pensez aux grands-parents pour garder vos enfants, de manière ponctuelle ou régulière, mais n'hésitez pas à solliciter également cousins-cousines, frères-sœurs, oncles-tantes, amis et voisins.

L'échange entre parents

La solution la plus économique si vous n'avez pas de famille à proximité de chez vous, puisque c'est gratuit. Il suffit de s'inscrire sur des sites pour échanger des heures de garde avec d'autres parents. Vous pourrez vous répartir la garde des enfants à la sortie de l'école et ainsi réduire les frais de baby-sitting ou de nounou. Vos enfants seront ravis de rester avec leurs copains du quartier.

- *www.parentspresdechezvous.com*
- *www.unjeudenfant.fr*
- *www.sikidou.com*
- *www.troctagarde.com*

La garde partagée

Qu'elle soit organisée à temps plein ou en relais de la crèche, la garde partagée présente de nombreux avantages tant pour les parents que pour les enfants. Vous divisez le coût de la garde par deux et bénéficiez des mêmes aides financières qu'une garde classique. Elle peut être mise en place de façon régulière : tous les soirs, une nounou expérimentée va chercher les enfants des deux familles à l'école, à la crèche ou chez l'assistante maternelle, ou de manière ponctuelle pour garder tous les enfants ensemble pendant les vacances scolaires.

Optez pour ce système de garde alternatif avec une nounou qualifiée Kangourou Kids. Kangourou Kids est le réseau de référence de la garde d'enfants en France, avec 118 agences réparties dans l'hexagone. Il vous propose des solutions sur-mesure pour la garde partagée à plusieurs familles, la garde d'enfants à domicile, les sorties d'école et l'aide aux devoirs.

- *www.kangouroukids.fr*

Les crèches

Elles accueillent les enfants de 0 à 3 ans et sont ponctuées d'activités permettant à l'enfant d'apprécier la vie en collectivité. Le tarif dépend de vos revenus et du nombre

d'enfants que vous avez.
Pour obtenir une place en crèche, il faut remplir un dossier à sa mairie et attendre (de nombreux mois) qu'un établissement vous contacte. Généralement ouvertes de 8 h à 18 h, elles n'accueillent pas les enfants les week-ends et les jours fériés.

Il existe plusieurs variétés de crèches : collectives, familiales, parentales et d'entreprise.

La crèche collective, avec une capacité de 60 enfants, emploie des éducateurs et des auxiliaires puéricultrices. Administrée par une collectivité territoriale ou un gestionnaire privé, c'est le service départemental de la protection maternelle et infantile (PMI) qui effectue le contrôle de ses activités. Ouverte de 8 h à 18 h

La crèche familiale, idéale pour vos enfants entre 2 mois et 4 ans, emploie des assistantes maternelles agréées qui s'occupent de 1 à 4 enfants à leur domicile. Elles emmèneront vos enfants dans une crèche deux fois par semaine afin qu'ils puissent s'amuser avec d'autres enfants.
Aucun contrat de travail avec les parents n'est nécessaire, car elles sont employées et payées par des organismes tiers.

La crèche parentale est une structure créée par des parents. La PMI se charge de contrôler l'établissement. Elle est limitée à 25 enfants encadrés par les parents, des puéricultrices et des éducateurs.

La crèche d'entreprise reçoit les enfants du personnel d'une entreprise et peut accueillir d'autres enfants du quartier.
Elle est limitée à 60 enfants encadrés par des auxiliaires puéricultrices et éducateurs. Les heures sont nettement plus flexibles.

Déduction fiscale Le parent peut bénéficier d'un crédit d'impôt.

Assistante maternelle, nounou ou baby sitter ?

L'assistante maternelle s'occupe des enfants à son domicile. Pour exercer ce métier, elle doit posséder un agrément des services départementaux de la PMI.

La nounou s'occupe des enfants à son domicile ou au domicile des parents. Elle ne possède pas de diplôme spécifique.

La baby-sitter intervient dans des situations plus ponctuelles et n'a pas de diplôme particulier. Elle vient garder le ou les enfants au domicile de la famille.

Les Haltes-Garderies

➽ Réservées aux enfants dont l'un des parents ne travaille pas elles vous permettent de déposer votre bambin (de 0 à 6 ans) de façon régulière ou occasionnelle, à raison de trois demi-journées maximums par semaine. Municipale ou privée, une Halte-Garderie emploie plusieurs puéricultrices chargées de développer l'éveil de votre enfant en le faisant participer à de nombreuses activités (bricolage, jeux, peinture, chants, contes...). Les places étant peu nombreuses, il faudra inscrire votre enfant plusieurs mois à l'avance.

Les assistantes maternelles

➽ Faire appel à une assistante maternelle coûte parfois moins cher que les nounous, car en fonction de votre activité et de vos ressources financières, de nombreuses aides de la CAF peuvent diminuer les coûts. Les assistantes maternelles sont des professionnelles qui ont reçu une formation. Vous pouvez donc leur confier vos enfants en toute tranquillité.
Déduction fiscale Le parent qui emploie une assistante maternelle ou une garde d'enfants à domicile peut bénéficier d'un crédit d'impôt.

Les Maisons d'Assistantes Maternelle (MAM)

➽ Ce sont des maisons où sont regroupées de 2 à 4 assistantes maternelles, accueillant jusqu'à 4 enfants chacune en fonction de leur agrément. Chaque assistante maternelle est rémunérée directement par les parents et gère ces contrats avec les parents employeurs.
Déduction fiscale Profitez des aides de la PAJE et du crédit d'impôt.

Les jeunes filles au pair

➽ Accueillir une jeune fille au pair constitue une opportunité d'initier votre enfant à une langue étrangère avec une étudiante qui fait partie de votre famille pendant une période de 3 à 12 mois.
Son objectif étant d'apprendre une langue étrangère, vous devez l'héberger (dans sa propre chambre), lui fournir les repas, lui donner de l'argent de poche (environ 320 euros par mois) et lui laisser du

temps pour suivre ses cours. En échange elle s'occupera de vos enfants 30 heures par semaine maximum et participera aux tâches ménagères quotidiennes concernant vos enfants : ranger et nettoyer leur chambre, s'occuper de leur linge, les chercher à l'école, leur donner le bain, préparer leurs repas, jouer avec eux et les emmener se promener.

➽ En tant qu'employeur, vous devez signer un contrat au pair, l'inscrire à l'URSSAF et payer une cotisation de 200 € par mois.

Déduction fiscale Les frais engagés font l'objet de réduction d'impôts. Vous pourrez déduire 50 % des dépenses dans la limite de 12 000 € par an.

➽ La solution de la jeune fille au pair pourrait certainement vous correspondre, à moins que votre objectif premier ne soit d'apprendre à votre petit à vivre en communauté et à partager. Dans ce cas, le centre de loisirs ou le centre aéré semblent parfaitement adaptés.

Les centres aérés ou centre de loisirs sans hébergement

➽ Vous déposez vos enfants le matin et vous les récupérez le soir.
Idéal pour les mamans qui travaillent et n'ont pas de nourrice, le centre aéré accueille les enfants pendant les vacances scolaires, mais également les mercredis pendant le reste de l'année.
Le centre propose de nombreuses activités artistiques (théâtre, peinture, contes, photo, cinéma) sportives et la connaissance de l'environnement.
Selon les moyens de la ville, les activités peuvent être très variées et originales, allant de la visite de la caserne des pompiers à une randonnée en forêt. En fonction de votre quotient familial, le tarif à la journée coûte entre 7 et 16 euros par jour, repas et goûter inclus.

Déduction fiscale Comme pour les frais d'assistance maternelle et ceux de crèche, vous pourrez déduire les frais d'inscription au centre de loisirs de vos impôts.

Les scouts et guides de France

➽ Le scoutisme, avec 60 millions de membres dans le monde, est une école de la vie où tout s'apprend, un véritable paradis d'activités. Il est plus que jamais dans l'air du temps, défendant des valeurs aussi actuelles que la solidarité, l'égalité et la protection de la planète.
Les groupes scouts se réunissent généralement 1 à 2 fois (voire 3) par mois le week-end et partent en camp durant l'été, 1 à 3 semaines en fonction de l'âge des enfants. A 1 heure de Paris, le Château de Jambville et son parc de 52 hectares couverts de prairies et de forêts est le Centre national de formation et d'activités des Scouts et Guides de France et accueille régulièrement les grands rassemblements scouts.

➽ Garçons et filles sont divisés en différents groupes avec une pédagogie différente : découverte, jeu et créativité pour les Fardadets (6-8 ans), apprentissage de

l'autonomie et de la vie en communauté pour les Louveteaux-Jeannettes (8-11 ans), Place aux aventures collectives pour les Scouts-Guides (11-14 ans), Entreprendre à plusieurs, s'impliquer et franchir les frontières de l'Europe pour les Pionniers-Caravelles (14-17 ans), s'engager plus loin encore à l'international et se projeter dans l'avenir pour les Compagnons (17-21 ans) sans oublier les Vents du Large, une proposition qui permet aux + de 17 ans en situation de handicap physique ou mental de s'investir dans le scoutisme.
➽ Avec une moyenne de 100 € par semaine pour un camp ou 15 € pour un week-end, c'est beaucoup moins cher qu'une colonie de vacances. L'adhésion s'échelonne en fonction des revenus des parents, entre 23 et 139 €, et comprend les frais d'assurance, la participation à la formation des chefs et cheftaines ainsi qu'à la vie générale du mouvement. L'uniforme et le sac de couchage pour partir en camp sont en plus.
Les familles en difficulté financière ont la possibilité de solliciter le fonds de solidarité de l'association et des aides extérieures comme la CAF ou les comités d'entreprise.

Le Babby-sitting

➽ Grâce aux plateformes de baby-sitting collaboratives, vous confiez vos enfants à des baby-sitters pour vos soirées, la sortie d'école ou les vacances.

Baby Sittor

➽ Ce leader du baby-sitting avec 83 300 familles inscrites et 98 793 babysittors évaluées par vos proches est une communauté de confiance qui met en relation des parents avec des babysittors recommandées par d'autres parents.
Le succès du service repose sur le délai de réponse extrêmement rapide des babysittors, la satisfaction des membres et la bienveillance de la communauté.
Système de parrainage pour s'inscrire et une formule d'abonnement pour les parents : 1 mois à 9,90 €, 6 mois à 7,90 €/mois et 12 mois à 4,90 €/mois.
Vous postez votre annonce, Baby Sittor notifie les babysittors près de chez vous, vous choisissez la perle rare évaluée par vos proches et vous pouvez régler via l'application si vous n'avez pas de monnaie.
➽ *www.babysittor.com/fr*

Garder mes enfants

➽ Depuis 10 ans, Garder mes enfants met en relation familles, nounous et baby-sitters, pour rechercher une baby-sitter, nounou ou assistante maternelle parmi 30 000 profils répartis dans les grandes villes de France,

Réduction d'impôt

➽ Si l'un ou plusieurs de vos enfants sont gardés à domicile par une nounou salariée, à l'extérieur par une assistante maternelle ou dans un établissement d'accueil (crèche, garderie...), vous pouvez demander à obtenir une réduction ou un crédit d'impôt. Pour cela, vous devez soigneusement conserver toutes les pièces justificatives prouvant que vos enfants sont gardés (liste détaillée de vos frais réels, factures...), car elles vous seront demandées lors de votre déclaration de revenus.

pour 4,95 euros par mois sur la base de 12 mois.

➽ Une garde d'enfant après l'école ? Leur partenaire Yoopala, le n° 1 de la garde d'enfant à domicile en France avec plus de 400 000 baby-sitters et nounous, est une agence de garde d'enfants à domicile spécialisée dans le baby-sitting après l'école ou la crèche. Solution pratique et économique pour les besoins de gardes de 4 h à 15 h par semaine, l'agence Yoopala recrute plus de 9 000 baby-sitters chaque année partout en France.

Déduction fiscale Yoopala Agence est compatible avec l'aide CAF Complément du Mode de Garde (CMG) délivrée par la PAJE pouvant couvrir jusqu'à 85 % de votre facture mensuelle. Le restant à votre charge est déductible à 50 % de vos impôts soit par un crédit d'impôt soit par une réduction d'impôt.

➽ *www.garder-mes-enfants.fr*

➽ *www.sopom.com*

Famihero

➽ FamiHero vous met directement en relation avec les intervenants disponibles près de chez vous. Même en urgence, grâce au service SOS, recevez des réponses à votre annonce en quelques minutes seulement ! Profils vérifiés, avis des familles, assistance 7J/7. Famihero vous guide pour trouver quelqu'un pour vous aider près de chez vous parmi 250 000 profils partout en France.

➽ Garde d'enfants par une nounou ou une baby-sitter (baby-sitting, sorties d'écoles, temps plein, soutien scolaire),

➽ Aide à domicile (ménage, repassage, cuisine commissions, assistance administrative)

➽ Bricolage/jardinage (petits travaux, bricolage, jardinage, assistance informatique, gardiennage, entretien voiture, déménagement)

➽ Garde d'animaux (visite, promenade, garde à domicile, famille d'accueil),

➽ Aide aux séniors (lecture/compagnie, course/préparation repas, aide au lever/coucher, habillage/toilette, travaux ménagers)

➽ *www.famihero.com/fr*

Économie au troisième âge

75 % des séniors interrogés préfèrent rester chez eux en cas de handicap plutôt que d'aller à l'Ehpad ou à l'hôpital. Si vos parents ne sont plus capables de vivre seuls, choisissez la garde à domicile ou la famille d'accueil, plutôt que le placement en maison de retraite. Non seulement ils seront heureux de profiter de leur environnement familier, mais ils feront des économies sur leur modeste pension.

Soutenir les anciens

➼ Votre parent âgé vit seul à son domicile, a besoin d'un soutien financier et vous lui versez une pension alimentaire (chèque, virement) ou financez directement certaines dépenses (frais médicaux, nourriture, aide à domicile). Ces sommes sont déductibles de votre revenu imposable, sans plafond, à condition que ses ressources soient limitées. De son côté, votre parent doit déclarer ces sommes en tant que pension alimentaire. Si vous l'accueillez à domicile, vous pouvez déduire de vos revenus imposables une somme forfaitaire de 3 500 € au titre des dépenses engagées pour lui, sans justificatif.

Pour cela, votre ascendant doit être âgé de plus de 75 ans et ses ressources être modestes (9 998 €/an pour une personne seule). Si vous dépensez plus que le forfait, vous pouvez déduire les sommes réellement payées, à condition de conserver les justificatifs.

Garder à domicile

➼ Cette solution reste la plus intéressante économiquement et humainement. Pour cela, vous devez vous adresser à un centre ADHAP près de chez vous. Vous y trouverez tous les services nécessaires pour faciliter la vie des séniors dépendants : garde de nuit, aide-ménagère, aide à l'habillement, aide au repas, aide à la toilette, aide aux courses, sorties, ainsi que d'autres services personnalisés.

➼ *www.adhapservices.fr*

Etudier la piste étudiante

➼ Les étudiants cherchent souvent à arrondir leur fin de mois en gardant des enfants ou en aidant les personnes âgées. Consultez les sites spécialisés.

➼ *www.letudiant.fr*
➼ *www.jobetudiant.net*
➼ *www.ernesti.fr*

Partager le lieu de vie

➼ Une solution qui se répand de plus en plus lorsque le domicile de la personne âgée est suffisamment spacieux. Accueillir chez lui un étudiant qui aide à la maison comme le ferait quelqu'un de sa propre famille, en échange

de l'hébergement gratuit ou à moindre coût.
➳ *www.ensemble2generations.fr*

Trouver une famille d'accueil

➳ Les familles d'accueil doivent être agréées par le Conseil départemental, qui les contrôle régulièrement. Elles peuvent se composer d'une personne seule ou d'une famille complète. Les personnes âgées ou handicapées sont accueillies chez elles, où elles partagent la vie familiale. Elles disposent d'une chambre individuelle où, très souvent, elles peuvent apporter leurs propres meubles ou objets familiers. Elles sont donc entourées par des personnes aidantes (visite régulière d'une infirmière ou d'un médecin) et distrayantes (sorties en ville accompagnées, séance chez le coiffeur, manucure, jeux de cartes, etc.). Leur propre famille peut venir régulièrement les visiter ou les emmener se promener. Les personnes accueillies peuvent bénéficier de l'APA (allocation personnalisée d'autonomie) ou de l'ASH (aide sociale à l'hébergement). Cette formule est malheureusement encore rare dans certains départements, mais la loi du 28 décembre 2015 relative à l'adaptation de la société au vieillissement devrait aider à son développement.
➳ *www.pour-les-personnes-agees.gouv.fr*

Les réductions pour les séniors

Billets de train

➳ SNCF : La carte Senior+ permet aux plus de 60 ans de bénéficier de 30 % de

réduction sur les TGV & Intercités et sur les Prem's, ainsi que de 25 % sur les TER plus 15 % de réduction sur Le Bar et sur les locations de voiture Avis. Elle coûte 49 euros et est renouvelable tous les ans.
➳ *www.sncf.fr*

Billets d'avion

➳ La carte Senior d'Air France donne aux plus de 65 ans 30 % de réduction sur les vols en France métropolitaine (hors vols Paris-Corse et Corse-Paris) plus un bagage en soute et la modification du billet à raison de 10 euros ou remboursement pour 20 euros. Elle coûte 59 euros par an.
➳ *www.airfrance.fr*

Métro-bus-RER

➳ La plupart des villes offrent une carte de réduction Senior sur présentation d'un justificatif de retraite (se renseigner auprès de la mairie). À Paris, la carte est gratuite si vous justifiez d'une imposition de moins de 2 000 euros. À partir de la fin de l'année 2019, les Franciliens pourront acquérir le « passe

Senior » pour 37 euros par mois sans avoir à justifier d'un revenu maximum.

Location voiture

➽ AVIS met à la disposition des plus de 65 ans une carte au prix de 65 euros pour 2 ans, qui donne droit à des réductions de 10 à 20 % sur les locations de véhicules et des surclassements à chaque location.

➽ *www.avis.fr*

Les loisirs

La carte Réduc-Seniors

➽ Destinée aux plus de 55 ans qui aiment bouger, elle coûte 49 euros par an et offre de nombreuses réductions dans des hôtels de charme, agences de voyages, campings, parcs d'attractions, thalassos… et également sur l'achat d'appareils auditifs.

➽ *www.reduc-seniors.com*

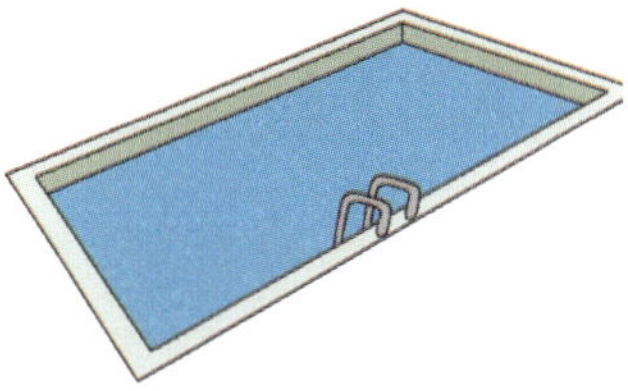

Piscines

➽ La plupart des grandes villes offrent des réductions aux seniors dans les piscines municipales. À Paris, la carte Senior+, réservée aux plus de 55 ans, donne accès gratuit à un grand nombre de piscines et des activités diverses comme le taekwondo ou la marche nordique.

Hôtels

➽ Pour partir en vacances, les résidences vacances bleues offrent des réductions de 7 à 20 % pour certains retraités et la chaîne d'hôtels Mercure de France offre aux plus de 60 ans une chambre double et le deuxième petit-déjeuner pour l'achat d'une chambre simple. L'ANCV (Agence nationale pour les chèques vacances) propose également des séjours (hors juillet/août) aux retraités non imposables de plus de 60 ans.

➽ *www.vacancesbleues.fr*

➽ *https://mercure.accorhotels.com/fr*

➽ *www.ancv.com*

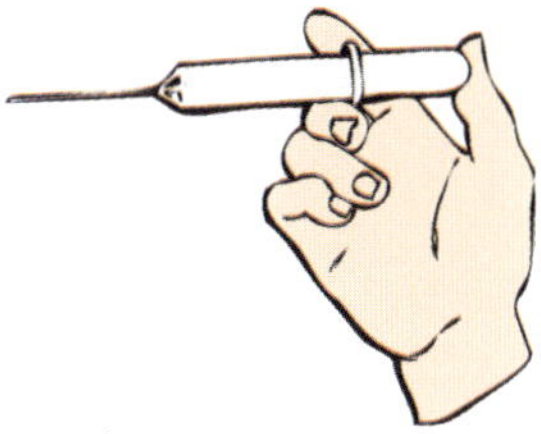

Santé

➽ Le vaccin contre la grippe est gratuit à partir de 65 ans et la mammographie pour les femmes entre 55 et 74 ans, d'autre part en cas de revenus modestes (moins de 10 000 euros par an) les seniors ont le droit à la CMU.

➽ *www.complementaire-sante-solidaire.gouv.fr*

Animaux de compagnie

Un propriétaire de chien dépense 1680 euros en moyenne par an (frais liés à l'alimentation, le toilettage, les soins vétérinaires, les jouets, etc.) et un propriétaire de chat 1200. Comme les animaux domestiques sont vos amis pour la vie, il convient d'adopter quelques mesures pour optimiser le budget annuel consacré à votre compagnon.

Adopter

➽ Environ 80 000 chats et 100 000 chiens sont abandonnés chaque année en France et attendent une nouvelle famille. La plateforme de l'adoption responsable Secondechance permet d'adopter gratuitement un petit animal de compagnie partout en France : chiens, chats, chevaux, lapins, rongeurs, furets, oiseaux, reptiles, animaux de ferme, etc.

➽ *www.secondechance.org*

Jouets

➽ Préférer une vieille balle de tennis, un vieux tee-shirt ou une corde nouée plutôt que d'onéreux jouets en plastique achetés dans le commerce.

Nourriture

➽ Dosez la quantité en fonction de son poids et de son âge, car la plupart du temps on a tendance à trop en donner. Lisez les instructions sur le paquet ou demandez conseil à votre vétérinaire.

➽ Mettez du persil frais dans la nourriture de votre chien pour lui donner une meilleure haleine.

➽ Évitez d'acheter des friandises pour chiens et chats, faites-les vous-mêmes avec des fruits.

➽ Acheter en grosse quantité, vous ferez de sacrées économies sur l'année.

Vous pouvez vous rendre sur les sites internet des fabricants pour obtenir des coupons-rabais à imprimer ou des offres spéciales. Ou commander directement sur internet pour obtenir des réductions intéressantes.

➽ *www.croquetteland.com*

➽ *www.bitiba.fr*

Garde

Lorsque vous partez en vacances, adoptez l'échange entre particuliers plutôt que les chenils et hôtels qui coûtent très cher.

➽ Un site d'échange de garde d'animaux entre particuliers : pour faire garder votre chien ou chat, rencontrez les propriétaires d'animaux à proximité de votre domicile, confiez-leur votre animal de compagnie, en contrepartie, ils vous confieront leur animal quand ils partiront.

➽ *www.animal-fute.com*

➽ Trouvez un pet-sitter proche en indiquant le lieu et les dates de garde puis découvrez la liste des dog-sitter de confiance.

Votre animal sera chouchouté et vous pourrez profiter des vacances en toute sérénité. Recevez quotidiennement des photos de votre animal pour vous assurer qu'il passe du bon temps. Réservez directement en ligne en fonction des commentaires sur les dog-sitters. Faites une demande de garde et discutez. Finalisez la réservation en payant directement sur le site en toute sécurité et sans aucuns frais !

➳ *www.dogvacances.fr*

Soins

➽ Comparez les prix des vétérinaires avant de vous engager.

➽ Faites régulièrement traiter votre chien contre les tiques.

➽ Brosser les dents de votre animal de compagnie une fois par semaine peut augmenter son espérance de vie de 4 ans.

Litière pour chats

➽ Utilisez de la sciure ou des granulés de bois.

Toilettage

➽ Diluez le shampoing. Mettez 1 cm du shampoing dans une bouteille vide et remplissez-là d'eau.

➽ Nettoyez ses affaires avec du bicarbonate et du vinaigre blanc pour les gamelles, tâche d'urine, coussin du panier...

Odeurs

➽ Adoptez le bicarbonate de soude très bon marché pour enlever la tâche et l'odeur de pipi sur le tapis.

➽ Astuce : pour enlever les odeurs de chien mouillé et ne plus empester la maison, séchez votre chien à l'extérieur avec une serviette et brossez-le. Saupoudrez-le de bicarbonate de soude et frottez-le pour faire pénétrer la poudre. Laissez-le se secouer dehors avant de le faire rentrer dans la maison.

➽ Utiliser un gant de vaisselle pour enlever les poils de chien sur le canapé ou les tapis.

Assurance

➽ Pour une dizaine à quelques dizaines d'euros par mois, l'assurance chien vous permet d'économiser sur les frais de santé de votre animal. Les frais de vétérinaires peuvent vite grimper. Sans assurance santé pour votre chien, la totalité des frais seront à votre charge.

➽ Avec une bonne assurance-chien, les consultations chez le vétérinaire sont prises en charge, les analyses médicales également, voire parfois les cas de chirurgie ou d'hospitalisation de votre chien pour les couvertures les plus complètes. Sur une année, les frais vétérinaires ou de santé d'un animal peuvent être bien plus élevés que les frais relatifs à une assurance chien. Et c'est d'autant plus le cas avec certaines races canines bien plus fragiles que d'autres. Alors à vos calculs et comparez les tarifs sur internet.

Toujours plus !

Augmentez votre pouvoir d'achat

Pour arriver à un budget en équilibre, nous avons vu tout au long de ce livre comment faire des économies sur les dépenses. De l'autre côté de votre bilan personnel, vous pouvez également agir pour cette fois augmenter vos revenus, en nature ou en bon argent. En vendant des objets, mais aussi de votre temps, par exemple en participant à des enquêtes voire même simplement en vous promenant !

Vendez !

Revendez vos produits numériques

➽ S'il est un marché en pleine expansion dans le domaine de l'achat/vente/échange, c'est bien celui des téléphones et matériels électroniques reconditionnés. Un bon moyen d'acquérir un appareil plus récent sans trop dépenser, mais surtout une excellente opportunité de vous séparer des matériels inutilisés et de récupérer quelques deniers.

➽ De nombreux sites et/ou applications vous permettent d'estimer la valeur de vos matériels et de les revendre en quelques clics. Nous en avons sélectionné 4 : Back Market, Magic Recycle, Volpy et Certideal.

- ➽ *www.backmarket.fr*
- ➽ *www.magicrecycle.com*
- ➽ *www.volpy.com*
- ➽ *www.certideal.com*

Cédez vos produits culturels

➽ Dans la partie shopping, nous avons déjà abordé les plateformes pour d'abord acheter à pas cher, mais aussi pour revendre les livres d'occasion et autres produits culturels.
Nous vous en redonnons deux, qui font figure d'incontournables dans ces domaines :

Kiwibook

➽ Quelques clics permettent de faire de la place dans sa bibliothèque tout en gagnant du temps et de l'argent. Il suffit d'entrer le code-barres du livre que vous voulez vendre, le site vous informe du prix de rachat, vous envoyez le colis, gratuitement, et recevez l'argent 14 jours maximum après réception de vos livres.

➽ *www.vendre-livre.fr*

Momox

➽ Depuis 15 ans, ce spécialiste de l'achat de livres, CDs, DVDs et jeux vidéo vous permet de vendre rapidement les vôtres, à prix fixes, avec envoi gratuit et paiement automatique.

➽ *www.momox.fr*

Videz vos penderies

➽ On l'a dit, la grande tendance pour se vêtir sans se ruiner réside dans le développement du marché de l'occasion. De plus en plus de plateformes spécialisées vous permettent de revendre simplement le contenu de vos armoires et d'acheter en toute tranquillité des vêtements nettoyés, vérifiés et bon marché.
Voici les leaders de ce marché :

Vinted

➽ La plateforme s'est fixé comme objectif de « *faire de la seconde-main le premier réflexe dans le monde* ». Grâce à une appli 100 % gratuite, ses 23 millions de membres à travers l'Europe peuvent acheter et vendre (sans frais), facilement et rapidement toute la mode en seconde main (femme, homme, enfant).

➽ *www.vinted.fr*

Patatam

➽ S'inscrivant parfaitement dans la logique d'économie circulaire et collaborative, Patatam est un service en ligne pionnier du rachat et de revente de vêtements de seconde main pour femmes et enfants.

➽ *www.patatam.com*

Testez

Testez des applications

➻ Feature Points vous propose de télécharger des applications sur votre mobile et de les tester un certain temps, puis de recevoir en échange des bons d'achats, des cartes cadeau (iTunes, Amazon, Google Play...) mais aussi du cash via Paypal. Pour toucher des commissions supplémentaires, il suffit de parrainer et à chaque fois que vous recrutez un filleul, vous touchez 50 % de ses gains en plus.

➻ *www.featurepoints.com*

Échantillons gratuits

➻ Dans cette catégorie nous avons référencé pour vous les meilleurs sites pour tester des produits gratuitement. Grâce aux tests de produits, il est possible d'économiser de l'argent (voire même d'en gagner dans certains cas) en recevant des produits gratuitement simplement en échange d'un avis le concernant.

Sondages Rémunérés.fr

➻ SondagesRémunérés.fr propose très régulièrement de nouveaux produits à tester gratuitement. Il permet également de gagner de l'argent en complétant des enquêtes en ligne et en donnant son avis.

➻ *www.sondages remuneres.fr*

Moolineo

➻ Moolineo permet de gagner de l'argent de multiples manières différentes, notamment avec des tests de produits gratuits. Pour postuler aux tests de produits, il faut d'abord cumuler des tickets gagnés en remplissant diverses missions (et donc en gagnant de l'argent).

➻ *www.moolineo.com*

Tests De Produits

➻ Spécialisé dans les produits à tester gratuitement à domicile Tests De Produits propose chaque mois plus d'une quinzaine de produits à tester sur son site. Pour tenter de tester un produit gratuitement, il suffit de s'inscrire et de postuler

régulièrement aux offres mises en ligne.
➽ *www.testsdeproduits.fr*

Mes échantillons Gratuits

➽ Ce site référence chaque jour des dizaines de nouveaux bons plans dont des jeux concours, des réductions, des échantillons, ainsi que des offres pour tester des produits. Il propose également une application mobile pour sur Android ou iPhone. ➽ *www.mes echantillonsgratuits.fr*

Consommacteur

➽ Un site de tests de produits au concept un peu particulier : sur Consommacteur, les tests de produits durent 8 semaines. Chaque semaine, vous devez acheter le produit concerné, le tester et remplir un questionnaire. Au bout des 8 semaines, Consommacteur récompense ses testeurs avec un montant couvrant plus que les dépenses engagées.
➽ *www.panel.consommacteur.net*

Sampleo

➽ Un des meilleurs sites de tests de produits. D'ailleurs, de nombreux autres sites présentés dans cette liste ne font que relayer les offres publiées à l'origine sur Sampleo. Pour tenter de devenir testeur sur Sampleo, il suffit de s'inscrire gratuitement et de postuler aux offres régulièrement mises à jour.
➽ *www.sampleo.com/fr*

Testez pour nous

➽ Il propose deux types de tests de produits. Le premier consiste à réaliser des tests alimentaires et cosmétiques en échange de chèques cadeaux. Le second consiste à essayer des produits gratuitement chez soi, récompensé par le produit lui-même, offert gratuitement en échange de votre avis.
➽ *www.testezpournous.fr*

Anti-Crise

➽ Anti-Crise est dédié aux bons plans et aux astuces pour économiser de l'argent au quotidien. Une partie de ce site est entièrement consacrée aux offres de tests de produits, publiées quasi quotidiennement.
➽ *www.anti-crise.fr/category/tests-et-echantillons/tests-produits*

Miss Test

➽ Site spécialisé dans les tests de produits de beauté pour les femmes, il offre l'opportunité de postuler aux différentes offres de tests de produits proposées. Si votre profil est retenu, vous recevrez le produit à tester gratuitement à domicile en échange de votre avis.
➽ *www.misstest.com*

Sondez

Google Opinion Rewards

Ce programme, basé sur les récompenses et développé par Google, a été initialement lancé en tant qu'application mobile d'enquête pour Android et iOS. L'application permet aux utilisateurs de répondre à des sondages et de gagner des récompenses payées en crédit GooglePlay ou sur Paypal. Il existe deux domaines possibles d'intervention : les enquêtes et la mesure d'audience.

Swagbucks

Accessible sur votre ordinateur, cette application vous fait gagner des points à chaque fois que vous répondez à un sondage, participez aux offres, téléchargez des applications et les utilisez deux minutes ou parrainez des amis (10 % des gains de votre filleul à vie). Vous pouvez ensuite échanger ces points contre des cadeaux, notamment des codes cadeaux Amazon.

www.swagbucks.com

Mysurvey

Encore une application de sondages rémunérés. Vous répondez à des sondages, vous gagnez des points. Une fois que vous avez accumulé assez de points, il ne vous reste plus qu'à les échanger contre de l'argent (Paypal ou virement bancaire) ou des chèques cadeaux !

www.lifepointspanel.com

Toluna

Les offres sont un peu plus variées dans cette application de sondages rémunérés. Vous devez vous inscrire et remplir un profil, et on vous proposera des sondages en fonction de votre âge, votre catégorie socio-professionnelle, votre emplacement géographique, etc. Paiement par Paypal, virement bancaire ou chèques cadeaux.

https://fr.toluna.com

Revenus inattendus

Vendre ses photos

➽ Foap, l'application qui vous permet de vendre vos photos ! Le principe est simple : vous prenez de belles photos sur votre smartphone, bien cadrées et de bonne qualité, et vous les mettez en vente sur Foap pour 5 $ l'unité. Elles serviront alors à illustrer des articles ou toutes sortes de documents.

➽ *www.foap.com*

Loto gratuit

➽ Bravoloto est une application de loto gratuit financé par la pub. Vous pouvez, paraît-il, gagner 20 000 € chaque jour, et parfois même 500 000 € voire plus avec les jackpots ! Les tirages se font sous contrôle d'huissier, et vous pouvez également gagner de petits lots comme 500 € cash, des cartes cadeaux de 10, 20 ou 50 €, etc. Et vous pouvez jouer jusqu'à 12 grilles par jour.

➽ *www.bravoloto.com*

Jouez les clients mystère

➽ Bemyeye est la plus connue des applications de clients mystère. Elle vous indique les missions à réaliser dans des magasins autour de vous, rémunérées en général environ 4 à 7 € en fonction de la difficulté. Le plus souvent, il s'agit de photographier un magasin, puis un produit en rayon. Par ailleurs, vous pouvez gagner 1 € par personne parrainée.
Comme Bemyeye, l'entreprise française Mobeye vous

proposera des missions dans des magasins. Vous pourrez très facilement gagner 5 € en 5 minutes avec cette appli. Votre mission, si vous l'acceptez, consistera à : prendre en photo le magasin et certains rayons et produits spécifiques, puis à répondre à un questionnaire sur la présentation des produits.
- *www.bemyeye.com/earn-money*
- *www.mobeye.app*

Messages

Wowapp ressemble à Whatsapp et pour cause, il s'agit ni plus ni moins que d'une application de messagerie, mais qui affiche des pubs et vous fait gagner de l'argent… Vous cumulez ainsi des ⓦ, que vous pourrez échanger contre un paiement par virement, sur PayPal ou encore un don à une association caritative. Outre la petite bannière publicitaire en haut de l'écran, Wowapp vous permet de gagner de l'argent d'autres manières, par exemple en participant à des sondages, en téléchargeant des applications, en jouant à des jeux, en regardant des pubs, etc.
- *www.wowapp.com*

Marcher pour gagner

Pour finir, quelques applications vous proposent de transformer vos trajets quotidiens en revenus. Avec Weward, Lifecoin et Sweatcoin, chaque pas effectué dans la rue vous crédite. Les applications vous incitent à vous rendre dans une sélection de commerçants et de lieux partenaires à proximité, vous permettant de faire grimper vos scores.
- *www.weward.fr*
- *www.lifecoin.ai*
- *www.sweatco.in*

Casa éditions